„Ich möchte
dabeistehen können
bei allen Aussöhnungen
in der Welt,
weil uns keine Liebe
so tief bewegt wie die
wiederkehrende.“

JEAN PAUL

Uwe Böschemeyer

Aussöhnung mit uns selbst und dem unvollkommenen Leben

Inhalt

Teil II

Ich habe die Hoffnung, dass ich mit dem, was in mir brennt, Menschen mit offenem Herzen anstecken kann.

Vorwort

In diesem Buch wird zu lesen sein, was für mich in meinem langen Leben, vor allem dem beruflichen, an Erkenntnissen – auch ein wenig an Weisheit? – gewachsen ist. Doch nie zuvor habe ich so lange gebraucht, um mich für ein Buchthema zu entscheiden. Mehrere Ideen habe ich rasch wieder verworfen, bis mir vor wenigen Tagen die „Erleuchtung" kam. Jetzt brenne ich darauf, das Buch zu schreiben.

Um welche „Erleuchtung" handelt es sich? Was Menschen mehr denn je brauchen, ist, scheint mir, Aussöhnung: mit sich selbst, mit anderen, mit dem Leben überhaupt. Es gibt in dieser Zeit so viele Vorbehalte, so viel Ablehnung, so viel Aggressivität, so viel Streit, aber auch so viel Gleichgültigkeit.[1] Da ist so viel Unausgesprochenes, Unklares, Verschwiegenes, Verdrängtes und deshalb so viel Fried- und Freudlosigkeit in der Welt, in der wir uns befinden, ohne uns zu finden – ganz abgesehen von dem maßlosen, irrsinnigen Hass zwischen den Völkern.

Ich gehe jedoch davon aus, dass viel Leid – eigenes wie auch in der Beziehung zu anderen und zum Leben überhaupt – nicht sein müsste, wenn wir mehr als bisher *zunächst* lernten, persönlich zu ändern, was zu ändern ist, und uns *danach* daran machten, uns *auszusöhnen* mit dem, was nun einmal so ist, wie es ist. Deshalb möchte ich mir die Zeit nehmen, um in einem ersten Schritt den Stand meiner heutigen psychotherapeutischen und persönlichkeitsbildenden Arbeit vorzustellen. In einem zweiten Schritt soll es dann im Besonderen um das Thema Aussöhnung gehen.

Was mir bisher als Psychotherapeut mit der Fachrichtung Logotherapie und Existenzanalyse und Mentor für „Wertorientierte Persönlichkeitsbildung" (WOP®)[2] wichtig ist – Letztere habe ich vor 30 Jahren zu entwickeln begonnen und ständig weiterentwickelt –, werde ich zunächst in elf Punkten zusammenfassen. Danach werde ich den Rahmen beider Fachgebiete überschreiten, wann immer mich meine Erfahrung dazu drängt. Ich werde mich mit dem, wovon ich überzeugt bin, nicht zurückhalten. Ich habe die Hoffnung, dass ich mit dem, was in mir brennt, Menschen mit offenem Herzen anstecken kann. Denn, so meine ich: Leben ist schön, trotz allem, was zurzeit den Boden unter uns wanken lässt. Wichtiger noch wäre, wenn wir zu gegebener Zeit begriffen, dass erst ein ausgesöhntes Leben ein sinnvolles Leben ist. Diesen Satz sage ich, weil ich zu jenen Menschen gehöre, die in ihrem Leben hinreichend Leid erfahren haben.

Nein, ich meine nicht, dass dieses Buch der Maßstab für Sie, liebe Leserinnen und Leser, sein sollte. Aber mit meiner Leidenschaft fürs Leben – ich sagte es schon – möchte ich Sie anstecken. Die dunklen Nachrichten, die Tag für Tag in atemberaubender Geschwindigkeit um unseren wunderbaren Erdball schwirren, erodieren mehr und mehr die Seelen der Menschen. In dieser Intensität müsste Sinnlosigkeit nicht sein. Nein!

Für wen habe ich dieses Buch geschrieben?

> Gewiss, für meine Kolleginnen und Kollegen,

> für alle, die beruflich oder ehrenamtlich mit Menschen zu tun haben,

> für alle, die sich in diesen schwierigen Zeiten ein offenes Herz bewahrt haben,

> für alle, die bereit sind, sich das, was sie im Innersten wissen oder ahnen, anzusehen.

Ich wünsche Ihnen bei der Lektüre die Freude, die ich selbst beim Schreiben hatte.

Uwe Böschemeyer
Salzburg, im Jänner 2023

TEIL I

Worauf
es mir in
meiner
Arbeit vor
allem ankam
und nach
wie vor
ankommt

Die Welt ist kein geschlossenes System

Die Welt, in der wir leben, ist *kein* geschlossenes System. Sie ist offen zur Transzendenz. Deshalb gilt nach wie vor der schlichte Satz: Es geschieht mehr zwischen Himmel und Erde, als sich die Schulweisheit träumen lässt, auch in der konkreten Arbeit mit Menschen.

Das bedeutet: Es ist wichtig, offen zu bleiben für die Gedanken, Empfindungen, Gefühle oder inneren Bilder des Klienten und Patienten, die dem Verstand nicht einsichtig sind. Das bedeutet darüber hinaus, dass die Frage nach dem, „was die Welt im Innersten zusammenhält", auch Thema unserer Gespräche sein kann.

Geist ist Gestaltungskraft

Der viel zitierte Zusammenhang von Leib-Seele-Geist ist grundlegend für die Frage, wer der Mensch sei. Vor allem: Geist ist alles andere als ein blässliches philosophisches Sujet, sondern, wenn wir uns ihm öffnen, eine mächtige *Gestaltungskraft*. Darauf insbesondere hingewiesen zu haben ist das bleibende Verdienst des großen Wiener Psychiaters, Neurologen und Begründers der Logotherapie und Existenzanalyse, Viktor E. Frankl, dessen persönlicher Schüler ich sein durfte. Von ihm stammt auch der bekannte Begriff von der „Trotzmacht des Geistes". Was besagt er? In aller Kürze (ich sage es mit meinen Worten):

Es geschieht mehr zwischen Himmel und Erde, als sich die Schulweisheit träumen lässt.

Gemeint ist jene menschliche Fähigkeit, sich nicht nur gehen, sondern auch stehen lassen zu können. Nicht bei jeder Unpässlichkeit zu „passen“, nicht bei jeder Laus, die einem über die Leber läuft, selbsterfahrerisch tätig zu werden. Ich brauche mich nicht bei jeder kritischen Bemerkung eines anderen in Selbstzweifel zu stürzen. Nicht allen Störungen meiner Seele muss ich Vorrang gestatten.

„Trotzmacht des Geistes“ heißt aber noch mehr: Es gibt Krankheiten, die uns aus unseren äußeren Bahnen werfen, Trennungen, die uns zunächst mitnehmen, Scheitern, das wir fürchten wie nichts anderes. Es gibt Tatsachen, vor denen wir plötzlich stehen und die uns zu entwurzeln drohen. Dann kann es wichtig sein, nicht nur nach dem Warum und dem Wozu der Ereignisse zu fragen, sondern uns trotz dem, was eingetroffen ist, zu empören – nicht nur gegen die Tatsachen selbst, sondern auch gegen deren fatale Auswirkungen auf die Seele. Es geht bei der „Trotzmacht des Geistes“ um das Bewahren der Freiheit im Inneren, um Sinnerfahrung, die bleiben kann, auch wenn die Vor-Stellungen vom Leben zunichte geworden sind. Denn der Mensch kann „größer“ sein als das, was ihn kleinzumachen droht. Von Frankl stammt übrigens der fast vergessene, meines Erachtens jedoch hochbedeutsame Satz: „Wer den Geist in sich verdrängt, macht ihn zum Dämon.“

Nicht allen Störungen meiner Seele muss ich Vorrang gestatten.

„Wer den Geist in sich verdrängt, macht ihn zum Dämon."

VIKTOR FRANKL

Wertimagination als primäre Methode

Zu den wichtigsten Methoden sowohl der Wertorientierten Persönlichkeitsbildung (WOP®) als auch der Wertimaginativen Psychotherapie gehört die *Wertimagination* (WIM®).[3] Dieses von mir entwickelte empirische Konzept basiert auf der anthropologischen Einsicht Frankls, dass der *„unbewusste Geist"* die Grundlage des *bewussten* Geistes ist.

› Unbewusster Geist, das ist – mit meinen Worten – *die* schöpferische, gestaltende, sinnstiftende Kraft, von deren Wirksamkeit primär abhängt, in welcher Weise der ganze Mensch existiert.

› In dem Maße, in dem der Mensch Zugang zu *ihm* findet, findet er die ihm entsprechenden Werte, findet er sich selbst, findet er Sinn und auch die Kraft, diesen Sinn zu leben.

› Unbewusster Geist ist die Basis des bewussten Geistes. Mehr als das: Er ist die Basis menschlichen Daseins überhaupt. Er ist, wie Frankl sagte, der „Dreh- und Angelpunkt" unseres Menschenbildes.

› Unbewusster Geist ist die Mitte der Seele. Er ist zugleich *der Grund, die Mitte und das Ziel der Wertimagination.*

Der unbewusste Geist ist jener Bereich des Unbewussten, in dem alle spezifisch menschlichen Werte verwurzelt sind, zum Beispiel die Freiheit, die Verantwortung, die Liebe, der Mut, die Lebensbejahung, die Kreativität, die Spiritualität und andere. Deren Personifizierungen zeigen sich als *Wertgestalten. Diese inneren Gestalten werden nicht vorgestellt oder eingebildet, vielmehr bilden sie sich aus, wenn sich der Imaginand auf sie ausrichtet. Sie, die inneren Gestalten*, sind die primären legitimen Interpreten, Leiter und Begleiter des Imaginanden in der unbewussten Welt. Sind die Wertgestalten sorgsam und richtig eingestellt, hat der Imaginand sich mit ihnen vertraut gemacht, gehen von ihnen starke Energien aus.

Denn unsere Tiefe ist hell.

Die innere Welt des Menschen, deren Mitte nicht der Trieb ist, sondern der Geist, deren Grund nicht das Chaos ist, sondern der Sinn, deren Ziel nicht der Hass ist, sondern die Liebe, bietet alle Voraussetzungen dafür, dass wir Lösungen finden können, wie Menschen in dieser und der kommenden Zeit als Menschen wert- und sinnvoll leben könnten. Denn *unsere Tiefe ist hell*. Das bedeutet meines Erachtens, dass beide Formen des Geistes, der bewusste und der unbewusste Geist, *gleichbedeutend sind*.

Ziel der Wertimaginationen ist außer der Bearbeitung der *Widerstände* gegen gelingendes Leben, die im psychosozialen Bereich liegen, im Besonderen die *kognitive und existenzielle Aneignung* der spezifisch menschlichen Werte. Vielleicht hatte Viktor von Weizsäcker, der bedeutende Heidelberger Psychosomatiker, diese Ausrichtung im Sinn, als er vom „wartenden Leben“ sprach.

... wovon die Seele seit Langem träumt.

Meine Erfahrung ist, dass kaum ein Problem so viele Menschen miteinander verbindet wie der Mangel an Gefühl für den Wert der eigenen Persönlichkeit, also der Mangel an Fähigkeit, sich selbst *anzunehmen, sich selbst* zu akzeptieren. Und das hat eine betrübliche Folge: Weil aus unserem Selbstbild unser Weltbild entsteht, führt dieser Mangel, sich selbst annehmen zu können, dazu, dass auch das Leben und die Welt, in der wir leben, nicht wirklich bejaht werden kann. Deshalb ist eine Wertimagination zum *„Ort des Angenommenseins"* unter Führung und Begleitung des „Inneren Lebensbejahers" von hervorragender Bedeutung, vorausgesetzt, dass diese Imagination für längere Zeit regelmäßig wiederholt wird.

Wer oder was ist nun dieser Innere Lebensbejaher? In der Regel zeigt er sich als helle Gestalt mit weißem Gewand. Seine Augen sind warm und wohlwollend. Er wirkt freundlich, frei, kraftvoll, selbstbewusst, verständnisvoll, Vertrauen erweckend, großherzig, gütig, versöhnlich, liebevoll. Er weckt Hoffnungen, ermutigt, zeigt neue Wege, vermittelt tiefe Geborgenheit. Er klagt nicht an, sondern versteht und gibt dem Imaginanden das Gefühl, sein zu dürfen, wie er nun einmal ist; das löst ein tiefes Selbst- und Sinngefühl aus. Deshalb wirkt er in vielen Imaginationen wie jene ferne Gestalt aus Nazareth, von der sich, recht verstanden, Ähnliches sagen ließe. Allerdings zeigt sich der Innere Lebensbejaher selten von selbst, meistens müssen wir ihn suchen. Darf ich Ihnen zwei einfache wertimaginative Beispiele vorstellen?

In diesem ersten Beispiel wandert eine Frau mit starken Minderwertigkeitsgefühlen zum „Ort des Angenommenseins". Sie hat entschieden, sich von ihren beiden Lebensbejahern (männlich und weiblich) führen zu lassen:

Die beiden Lebensbejaher führen sie eine steile Treppe hinab. Der Treppengang ist dunkel. Unten angekommen, gehen sie durch einen ebenso dunklen Gang. Wieder führt der Weg über eine steile Treppe nach unten und wieder gehen die drei einen langen dunklen Gang entlang.

Mehrere Male wiederholt sich diese Szene. Niemand sagt ein Wort. Doch die Imaginandin weiß sich in der Nähe ihrer Begleiter gut aufgehoben. (Lange Wege zu Zielen deuten darauf hin, dass die Ziele bewusstseinsfern liegen.)

Du darfst sein,
wie du bist –
du darfst sein,
wie du bist.

Schließlich gelangen sie in einen großen Raum, der sie sofort gefangen nimmt. Eine Vielzahl hoher Fenster macht den Raum ganz hell; goldene Sonnenstrahlen fallen durch die Glaskuppel, unter der die Imaginandin steht, in den Raum. Und dann entdeckt sie sie – alle Wertgestalten, die sie bisher kennengelernt hat: die Lebenskünstler, die Sinnfinder, die Wahrheitsfinder, die Tatkräftigen, die Inneren Ärzte.

Sie stehen in einem Kreis und laden sie ein, sich in die Mitte des Kreises zu stellen. Dann fordern die Wertgestalten sie auf, jeder von ihnen die Hand zu reichen. Jede Gestalt sagt ihr denselben Satz, und dieser Satz beginnt ihr Leben zu verändern: „Du darfst sein, wie du bist – du darfst sein, wie du bist."

Ganz tief nimmt sie den Satz in sich auf, spürt, wie sich ihr Brustraum weitet, und ihr Gesicht lächelt, lächelt, lächelt.

*„Wer hasst,
wird niemals frei.“*

NELSON MANDELA

Im Nachgespräch geht ihr vollends auf, dass ihr dieser befreiende Satz aus der Tiefe ihrer eigenen Seele gesagt wurde. Selbstverständlich folgten weitere Wertimaginationen zur Überwindung ihrer Unsicherheit.

Zu den tieftraurigen Erfahrungen zahlloser Menschen gehört ihre scheinbare Unfähigkeit, verzeihen zu können. Auf Dauer nicht verzeihen können bedeutet Mangel an Weitherzigkeit und Güte. Je länger dieser Zustand eines Menschen andauert, desto mehr fixiert er sich auf seine unguten Gefühle dem anderen gegenüber. Je länger diese Fixierung andauert, desto eher kann sich Hass entwickeln. Doch: „Wer hasst, wird niemals frei." (Nelson Mandela)

Das zweite Beispiel: Eine junge Frau, die schon lange erhebliche Wut auf ihre Mutter und ihren Bruder empfindet, findet sich in einer Wertimagination in einem geschlossenen Raum vor (ein Sinnbild für ihre derzeitige Situation, sich nicht von der Wut befreien zu können).

Sie trägt einen schwarzen Mantel mit vielen verwelkten roten Rosen (welch ein Bild der Trostlosigkeit!). Da lässt sie ihre Innere Verzeihende kommen. Diese zieht der Klientin den schwarzen Mantel aus und zieht ihr ein weißes Gewand an.

Die Szene wechselt: Die Frau sieht eine Tafel vor sich und schreibt in Gegenwart der Mutter alles darauf, was ihr an Enttäuschungen und Schrecklichkeiten einfällt. Sie schreibt die ganze Tafel voll.

Dann geschieht es: Die Verzeihende verbindet die Hände von Mutter und Tochter, worauf ein warmes Gefühl in der Tochter aufsteigt. Die Verzeihende löscht alles aus, was auf der Tafel steht. Und beide Frauen, Tochter und Mutter, helfen ihr dabei. Niemand spricht ein Wort. Schweigend, aber lächelnd entfernt sich die Mutter.

Wieder wechselt die Szene: Auf einer Leinwand sieht die Klientin viele Szenen ihrer Kindheit, in denen sie von ihrem tyrannischen Bruder gequält wurde, Szenen, die ihr gar nicht mehr in Erinnerung waren. Dann sieht sie diesen Bruder, der zu ihrer großen Verblüffung weint. Auch er trägt einen schwarzen Mantel mit verwelkten roten Rosen.

Wieder erscheint die Innere Verzeihende und zieht auch ihm ein weißes Gewand an. Während das geschieht, sieht die junge Frau weiße Perlen (Symbol für die Verwandlung von Leid in Freude), bindet sie zu einer Kette und legt sie ihrem Bruder um. Daraufhin legt die Verzeihende beiden Geschwistern die Hände auf ihre Herzen –
bis beide zu lachen beginnen und einander die Hände reichen.

Ob Wertimaginationen ein Weg zur Vervollkommnung des Menschen sind? Nein! Aber sie sind ein inzwischen vielfach erprobter Weg zur Überwindung der Selbstentfremdung, zum Erleben der gefühlten Einheit von Leib-Seele-Geist und der Ganzheit des Menschen.

Unsere Seele ist tiefer und weiter ist als das Meer.

Zwei Dinge machen diesen Weg so stark. Zum einen werden die persönlichen Blockaden klar und *gütig* zum Vorschein gefördert, zum anderen geht der Klient oder Patient den Weg zu den inneren Widerständen nicht allein, sondern in Begleitung einer ihn schützenden Wertgestalt. Was macht Wertimaginationen so stark?

Auf diese Weise kann Wirklichkeit werden, wovon die Seele seit Langem träumt.

Die Polyphonie der Seele

Ich denke an eine Erfahrung, die für mich zu einem wesentlichen Teil meines Lebens, insbesondere des beruflichen, geworden ist: Wenn jemand auf meine Frage nach seinem Befinden zum Beispiel sagt, es gehe ihm schlecht, und ich ihn dann frage, ob da noch ein anderes Gefühl sei, antwortet er möglicherweise, da sei auch Wut. Bin ich dann scheinbar so unhöflich und frage nach einem weiteren Gefühl, antwortet er vielleicht: „Da ist auch tiefe Traurigkeit." Selbstverständlich wird er Zeit haben, alles auszusprechen, was ihn wütend oder traurig macht und was ihn veranlasst, sich schlecht zu fühlen. Und frage ich weiter, antwortet mein Gegenüber möglicherweise: „Das kommt von ganz weit her, doch da ist noch etwas anderes – nichts von dem, was ich vorhin empfunden habe, so etwas wie ein kleiner Hoffnungsstrahl." Setzen wir dieses einseitig erscheinende Gespräch fort, endet es immer anders, als es begonnen hat, nämlich viel freier und zuversichtlicher.

Warum ist das so? Weil unsere Seele tiefer und weiter ist als das Meer, ja, weil ihre Tiefe der Weite des Kosmos entspricht – weil die Seele *polyphon* ist, also vielstimmig und vielsagend. Doch weil wir Kinder dieser Zeit uns selbst immer mehr stressen oder stressen lassen, entfernen wir uns immer weiter von der Ein-Sicht in die Polyphonie der Seele.

Die *Möglichkeiten*, uns in Zukunft dieser inneren Welt wieder anzunähern, bleiben jedoch bestehen! Es könnte deshalb sein, dass das Interesse an der Polyphonie der inneren Welt auch heute belebend, sogar verändernd wirken würde – jedenfalls dann, wenn dieser Generation aufginge, dass die Qualität der äußeren Welt wesentlich von unseren Zugängen zur inneren Welt abhängt. Was ich hier sage, resultiert aus täglichen Erfahrungen in meiner Ordination. Und dort erlebe ich auch: Je mehr ich Klienten in die Tiefen der Seele begleite, desto mehr fühle ich mich am Ende eines Arbeitstages erfrischt.

Welche Ein-Sichten findet der, der in die Tiefe seiner eigenen Seele schaut? Ja, auch das, von dem Sigmund Freud in seinem aufregenden Traktat *Das Unbehagen in der Kultur*[4] gesagt hat, er könne der Menschheit keinen Trost bringen.

Dem aber widerspreche ich vehement! Denn es gibt Gründe für Hoffnung, dass wir unser eigenes Leben und das Leben überhaupt wohlwollender als bisher betrachten könnten. Dadurch, dass wir bewusst die unbewusste, innere Welt aufsuchen, vor allem aber den Bereich des *„geistig Unbewussten"*, in dem die spezifisch menschlichen Werte darauf warten, endlich ins Bewusstsein dringen zu dürfen. Deshalb glaube ich daran, dass viele Menschen, die ihr Schicksal vor allem beklagen, nicht aufgeben sollten, weiter nach Lösungen zu suchen. Die meisten Lösungen aber finden sie nicht außen, sondern innen. Und wer seine Lösungen innen sucht, wird keineswegs die Lösungen außen verachten. Er wird vielmehr die Erfahrung machen – ich sagte es schon –, dass die bewusste und die unbewusste Welt, das Innen und das Außen, zusammengehören.

Die bewusste und die unbewusste Welt, das Innen und das Außen gehören zusammen.

Das wertorientierte Gespräch

Oft verläuft ein Gespräch so, dass die Menschen einander sagen, was sie im Augenblick denken, empfinden und fühlen und so nur sich zum Ausdruck bringen, und auch das nur sehr begrenzt. Ein solches Gespräch lebt vor allem von *bisher* Gedachtem und Gefühltem.

Ein wertorientiertes Gespräch dagegen ist mehr als das. Es lebt im Besonderen von dem, was die Gesprächspartner bisher *noch nicht* gedacht, gefühlt und gesagt haben: von der Erweiterung des Denk- und Fühlhorizontes. Es lebt von der Ausrichtung auf *neue* Wert- und Sinnerfahrungen.

Erst dann, wenn sich die Beteiligten dafür offenhalten, erleben sie ein befreiendes Gespräch.

Das Besondere des wertorientierten Gesprächs aus der Sicht des Mentors oder des Psychotherapeuten ist die berührende und treffende Sprache.

Berührende und treffende Sprache finde ich:

- wenn ich den anderen im Blick habe, ihm zuhöre, ihn meine,
- wenn ich seinen Typus beachte und seine Originalität zu suchen helfe,
- wenn ich mit Kultur sage, was ich in Wahrheit denke und empfinde,
- wenn ich in Bildern spreche,
- wenn ich die *Polyphonie* der Seele beachte,
- wenn ich zu den Wurzeln der Wörter vordringe,
- wenn ich nach *dem* Wort suche und es wirken lasse,
- wenn ich dem anderen in der Stille und aus der Stille heraus begegne,
- wenn ich mich als *Begleiter* des selbst nach Sinn suchenden Klienten verstehe,
- wenn ich selbst berührt, betroffen und bewegt bin von der Größe und dem Elend des Menschen, von der Hoffnung auf Veränderung und davon, dass *„Menschsein heißt, sich verändern zu können“* (*Frankl*).

Das Enneagramm als wert-volle Persönlichkeitslehre

Eine noch immer verkannte, jedoch äußerst hilfreiche Persönlichkeitslehre ist das *Enneagramm,*[5] das von neun Charakteren oder „Typen“ weiß. Ich habe diese uralte Persönlichkeitslehre wertorientiert interpretiert. In aller Kürze und stark vereinfacht will ich sie hier vorstellen. Dabei rücke ich vor allem die eher problematischen Aspekte des Typus in den Vordergrund, weil sie den Typus am ehesten verdeutlichen.

Der Reformer-Mensch

Er neigt zu Ungeduld, will sich und seine Umgebung verbessern, und zwar jetzt, fühlt sich oft getrieben, eilt durch die Zeit, neigt zu Schuldgefühlen, wenn er seinem Gefühl nach „Fehler“ gemacht oder anscheinend versagt hat. Kurzum: Er kann nur schwer akzeptieren, dass er selbst und diese Welt unvollkommen sind.

Der *Wert,* der ihn seinem Original und damit seinem wahren Wesen näherbringen kann, ist *Geduld.*

Der Helfer-Mensch

Er braucht es, gebraucht zu werden, um sich selbst akzeptieren und sein Leben sinnvoll finden zu können. Das kann dazu führen, dass er sich anderen zu sehr aufdrängt. Es liegt in seinem typologischen Wesen eine gewisse Tragik: Einerseits wird in dieser Zeit immer wieder der Mangel an Hilfsbereitschaft beklagt, andererseits ist der Helfer-Typus jemand, der dazu neigt, es mit seiner Hilfsbereitschaft zu übertreiben.

Der *Wert*, der ihn seinem Original und damit seinem wahren Wesen näherbringen kann, ist *Liebe, die auch ihn selbst meint*.

Der Erfolgs-Mensch

Er braucht es, im Mittelpunkt zu stehen. Er neigt dazu, sich selbst zu wichtig zu nehmen. Ja, er ist leistungsstark, doch geht es ihm weniger um das, was er tut, als darum, dass er gesehen wird in dem, was er tut. Dabei kann es sein, dass er sich in seiner Kommunikation mit anderen so manches Mal einer charmanten Auslegung der „Wahrheit" bedient.

Der *Wert*, der ihn seinem Original und damit seinem wahren Wesen näherbringen kann, ist *Wahrhaftigkeit*.

Wer akzeptiert, dass jeder Typus mit einem bestimmten Denken, Fühlen und Handeln verbunden ist, wird kundiger und freundlicher mit seinen Mitmenschen umgehen.

Der Romantiker-Mensch

Er ist ein Wanderer zwischen zwei Welten. Die eine ist die konkrete, die andere ist die, die er erträumt oder erahnt. Er neigt einerseits zum Dunklen, andererseits zum Licht. Er ist in dieser Welt nicht wirklich zu Hause, deshalb neigt er auch zur Melancholie. Um sein Leben trotzdem bestehen zu können, ist Kultur in allen Variationen für ihn wichtig (eine für diese Zeit so kostbare Eigenschaft).

Der *Wert*, der ihn seinem Original und damit seinem wahren Wesen näherbringen kann, ist *Lebensbejahung* (des ganzen Lebens).

Der Beobachter-Mensch

Er ist der geborene Analytiker. Er *studiert*, was ihm begegnet. Aber er neigt dazu, mehr Distanz als Nähe zu Menschen zu leben. Warum? Weil er eine ihm oft nicht bewusste Angst vor Emotionen hat, die ihn überwältigen könnten. Lernt man ihn näher kennen, wird deutlich, dass in ihm sehr wohl der Wunsch nach Nähe lebendig ist und er keineswegs weniger Gefühle hat als seine Mitmenschen.

Der *Wert*, der ihn seinem Original und damit seinem wahren Wesen näherbringen kann, ist *Wagnis zur Begegnung* mit anderen.

Der loyale Mensch

Er unterscheidet sich vom Beobachter gerade dadurch, dass er die Gemeinschaft anderer Menschen möchte. In der Gemeinschaft ihm Vertrauter, auch Gleichgesinnter, fühlt er sich zu Hause. Da erleben sie vor allem seine Wärme. Doch manchmal scheint es, als kenne er *sich selbst* zu wenig. Und das hat Folgen: Die primäre Folge ist seine tief liegende und ihm oft nicht bewusste Angst, es könnte Unerwartetes passieren. Das wiederum führt zu einem Mangel an Mut dem Leben gegenüber.

Der *Wert*, der ihn seinem Original und damit seinem wahren Wesen näherbringen könnte, ist *Mut zum Sein*.

Der Glückssucher-Mensch

Er sucht das Erfreuliche, das Heitere, den Spaß. Er flieht das Dunkle, das Schwierige und Problematische. Das Helle will er, nicht das Düstere. Das hat zur Folge, dass er Schwierigkeiten gern aus dem Wege geht. Möglich ist auch, dass er, womit er sich nicht beschäftigen mag, unter den Teppich kehrt und dann darüber stolpert. Im Geheimen aber ist sein Leben eine *Suche nach Halt* in seinem Leben.

Der *Wert*, der ihn seinem Original und damit seinem wahren Wesen näherbringen könnte, ist gelassener *Humor*.

Der Boss-Mensch

Er neigt dazu, seine Mitmenschen dahingehend zu kontrollieren, ob er sich auf sie verlassen kann. Dabei geht er nicht gerade zartfühlend mit ihnen um. Noch unangenehmer kann er werden, wenn er mit Menschen zu tun hat, die aus seiner Sicht unnötig schwächeln. Dann wird er möglicherweise rigoros, unnachsichtig bis hin zur Brutalität. Dabei ist er ein Mensch, in dem zarte Gefühle darauf warten, endlich leben zu dürfen. Er versteckt sie jedoch lange.

Der *Wert*, der ihn seinem Original und damit seinem wahren Wesen näherbringen kann, ist *Güte*.

Der ursprüngliche Mensch

Er neigt dazu, sich aus der Welt zurückzuziehen. Das Leben „draußen" ist ihm unbequem. Er meidet, wenn irgendwie möglich, Auseinandersetzungen. Das führt dazu, dass er seine reichlich vorhandenen Begabungen und Kräfte nicht wirklich kennenlernt. So aber entwickelt sich in ihm das Gefühl, nicht wichtig zu sein. Die Folge ist, dass er dieses Selbstbild aufs ganze Leben überträgt und dessen Sinnhaftigkeit skeptisch gegenübersteht.

Der *Wert*, der ihn seinem Original und damit seinem wahren Wesen näherbringen könnte, ist die *Verantwortlichkeit* sich selbst und dem Leben gegenüber.

Vier wichtige Dinge, um der Arbeit mit dem Typus möglichst viel abzugewinnen:

- › die *phänomenologische* Betrachtungsweise der einzelnen Typen in den Vordergrund rücken; einfach gesagt: den jeweiligen Typus aufmerksam studieren,

- › seine *Grundproblematik* erkennen und ihm helfen, den entsprechenden typologischen Hauptwert zu leben.

- › Mit jedem Typus ist ein bestimmtes Denken, Fühlen und Handeln verbunden. Wer diesen Satz zu akzeptieren beginnt, wird kundiger und freundlicher mit seinen Mitmenschen umgehen.

- › Der Typus ist sowohl genetisch als auch lebensgeschichtlich bedingt. Für das Genetische ist der Mensch *nicht* verantwortlich, wohl aber dafür, was er aus seinem Typus macht. Das vertiefte Verständnis dieses Zusammenhangs kann äußerst befreiend wirken.

Nur zu oft sehen wir andere Menschen so, wie wir selbst sind, und nicht, wie sie sind.

Sinn als stärkstes Motiv des Menschen

Das Primärmotiv menschlicher Existenz ist laut Frankl ihr Sinnbedürfnis. Es mag verkapselt, verleugnet, verdrängt sein, doch es lebt in *jedem* Menschen, solange er lebt.

Sinn ist die jeweilige Hauptsache im *gegenwärtigen* Leben als auch im Leben *überhaupt*. Findet ein Mensch keinen oder zu wenig Sinn, fühlt er sich im Leben frustriert, entwickelt sich in ihm ein Vakuum. In dieses Vakuum kann all das einfließen, was der Mensch keinesfalls möchte: Angst, Aggressivität, Depressivität, Stress, Lebensmüdigkeit, Sucht, psychosomatische Störungen etc. Ich ergänze: Nach Sinn sucht allerdings nur der, der *hofft*, Sinn auch finden zu können.

Das Sinnbedürfnis lebt in jedem Menschen, solange er lebt.

Veränderung ist bis zum Tod möglich

Menschsein bedeutet, sich verändern zu können – bis zum Tod, vorausgesetzt, ein Mensch erkennt und erfühlt die *Kostbarkeit* und die *Begrenzung* des Lebens und ist dafür offen, dass viel ungelebtes Leben darauf wartet, endlich leben zu können.

Spiritualität ist spezifisch menschlich

In vielen Wertimaginationen zeigt sich in der Tiefe der Seele, dass Spiritualität ein Existenzial ist, ein zu jedem Menschen gehörendes Phänomen, mag es ihm noch so unbewusst sein. Das bedeutet, dass sie in der Arbeit mit Klienten oder Patienten nicht verdrängt werden darf, wenn sie zur Sprache kommen möchte.

Selbstverwirklichung?

Jahrzehntelang habe ich daran gearbeitet, dass Menschen sich selbst finden, zu sich selbst kommen, mit sich eins werden. Und ich habe nicht vor, das zu ändern. Ich frage mich jedoch, ob wir Therapeuten und Mentoren zu einseitig auf den Wunsch nach *Selbstverwirklichung* eingegangen sind. Dass wir zu wenig die Frage im Blick hatten, ob es reicht, Selbstverwirklichung als Ziel therapeutischer oder persönlichkeitsbildender Arbeit zu avisieren. Und ob es nicht notwendig ist, auch andere, für Menschen zentrale Themen in unsere Arbeit einzubeziehen. Darüber später mehr.

Gütig werden als Ziel der Arbeit an sich selbst

Güte ist *gelebte Liebe*. Sie ist *das* spezifisch Menschliche! Deshalb gehört sie zu den zentralen Themen der Wertorientierten Persönlichkeitsbildung. Ich verschließe mich jedoch nicht vor der Tatsache, dass Güte in unserer Zeit ein Fremdwort zu sein scheint. Aber es gibt Wege – ich denke wieder vor allem an Wertimaginationen –, um Klienten zu den verschlossenen Räumen der Güte zu führen.

Nach dieser kurzen Darstellung meiner bisherigen Arbeit freue ich mich darauf, mich nun ausführlicher meinem zentralen Thema, der Aussöhnung durch Güte zuwenden zu können.

Güte ist
gelebte Liebe.

TEIL II

Wie Aussöhnung mit mir und dem Leben möglich werden kann

Niemand und nichts ist vollkommen – von der Ambivalenz des Lebens

Leben ist ambivalent. Nichts ist absolut gut. Nichts ist absolut schlecht. Das gilt für Menschen. Das gilt für ihre Beziehungen. Das gilt für Tiere. Das gilt für die Natur. Für den Sommer und für den Winter. Für die Kunst. Für die Musik und die Malerei. Das gilt für Dinge, die wir vorfinden, ebenso wie für Geschaffenes. Für die Politik. Für die Demokratie. Diese Reihe ließe sich lange fortsetzen. So ist Leben. So ist Welt. Das Leben ist nicht vollkommen, es ist ambivalent. Es hat Höhen und es hat Tiefen. Doch in allem, was ist, ist keimhaft das Gegenteil enthalten.

Ob ich diese Zeilen aus einer depressiven Stimmung heraus schreibe? Keineswegs, überhaupt nicht! Leben in dieser Welt ist so. Leben in dieser Welt ist kein Paradies, aber auch nicht die Hölle. Diese Welt ist *unsere* Welt, ist *unser* Leben, ist *unsere* Gegenwart!

Und warum um alles in der Welt gibt es dann unter uns so viel Unzufriedenheit, so viel Ablehnung von uns selbst und anderen, so viel Streit im Großen wie im Kleinen, ganz zu schweigen von all den psychischen Krankheiten und vielem anderen mehr?

Ja gewiss, das war – mehr oder weniger – schon immer so. Kann es aber sein, dass in dieser Zeit die Schere zwischen Glück und Unglück weiter denn je auseinandergeht? Dabei gibt es doch, werden viele Zeitgenossen zu Recht einwenden, so viele Fortschritte, zum Beispiel in der Medizin, in der Pharmazie oder im digitalen Bereich. Ja, das ist so. Und doch: Warum gibt es unter uns so viel Unzufriedenheit, Frustration, Hass, Lebensunlust, so viel Unvermögen zu leben?

Darüber wird ständig aus unterschiedlichster Perspektive geschrieben. Ich habe nicht vor, nach den letztlich wenigen Quellen für diese Nöte zu fahnden, werde aber im letzten Abschnitt dieses Buches dazu einen Beitrag beisteuern. Vielmehr möchte ich in diesem Buch für einen Gedanken werben, der meines Erachtens weder spezifisch psychotherapeutisch noch spezifisch philosophisch ist. Er hat mit zwei in unserer Zeit „vergessenen" und doch so kostbaren spezifisch menschlichen Werten zu tun, mit *Aussöhnung* und *Güte*. Doch bevor ich diese beiden Werte näher beleuchte, liegt mir daran, über ein Phänomen zu sprechen, das kennenzulernen in meinen Augen von großer Bedeutung ist: den Negativismus. Vorweg möchte ich sagen: Niemand und nichts ist vollkommen, auch nicht der Innere Gegenspieler in seiner Lebensfeindlichkeit, von dem im Zusammenhang des Abschnittes über Negativismus (siehe Seite 46) die Rede sein wird.

Niemand und nichts ist vollkommen.

Diese Welt
ist *unsere* Welt,
ist *unser* Leben,
ist *unsere* Gegenwart!

Eine besondere Variante des Sinnmangels: Negativismus

Mir scheint, als sei die Selbst- und Weltsicht nie zuvor so negativ gewesen wie in dieser Zeit. Das mag zum Beispiel daran liegen, dass die negative Selbst-Erfahrung der Menschen zugenommen hat: durch psychologische, biologische und soziologische Entwicklungen in der jüngeren Vergangenheit. Eine andere Ursache liegt wahrscheinlich im ungeheuren Stress, unter dem viele Menschen heutzutage leiden und deshalb zu wenig zur Besinnung kommen. Es kann auch daran liegen, dass die Medien aufgrund ihres Auftrags, vor allem nach dem Problematischen zu fahnden und alles unter die Lupe zu nehmen, was nicht niet- und nagelfest ist, einen Anteil am Negativismus haben.

Bevor ich konkret auf das Thema eingehe, möchte ich einige grundlegende Aussagen großer Literaten wiedergeben, die mich nachdenklich machen und von denen ich annehme, dass sie mit dieser Frage zu tun haben. Einige davon sind zwar älteren Datums, doch können sie mühelos auch für unsere Zeit gelten.

Aussagen großer Literaten zum Negativismus

Keine Zeit hat so viel und so Mannigfaltiges vom Menschen gewusst wie die heutige – und keine Zeit wusste weniger, was der Mensch sei, als die unsrige.

(Martin Heidegger)

Das Wissen, die intellektuelle Beherrschung, nimmt ständig zu. Das Begreifen aus dem Ganzen heraus wird immer schwächer. Das Wissen wächst, die Weisheit wird weniger.

(Romano Guardini)

Wir müssen heute fürchten, dass der Mensch die Weisheit nicht hat, seine eigene Intelligenz zu steuern, dass er also zu töricht ist, seine Klugheit vor Torheit zu bewahren. Er muss endlich lernen, Weisheit zu gewinnen, statt seinen Verstand anzubeten und ihm hirnlos zum Opfer zu fallen.

(Jörg Zink)

Wir leben im Zeitalter der Überarbeitung und der Unterbildung; das Zeitalter, in dem Menschen so fleißig sind, dass sie verdummen.

(Oscar Wilde)

Das spezielle Problem unserer Zeit ist aber das des Menschen selbst; das Problem der Rettung der menschlichen Persönlichkeit vom inneren Zerfall, das Problem der Bestimmung und der Berufung des Menschen.
(Nikolai Berdjajew)

Ohne eine feste Vorstellung davon, wozu er leben soll, wird der Mensch gar nicht leben wollen, und er wird sich eher vernichten, als dass er auf Erden leben bliebe – selbst dann nicht, wenn um ihn herum Brote in Fülle wären.
(Fjodor Michailowitsch Dostojewski)

Wenn ich diese großen Worte in ein wesentlich kleineres, alltägliches Format transponiere, dann sage ich (und ich muss an mich halten, dass ich die Fülle meiner Aussagemöglichkeiten nicht ins Uferlose ausdehne):

› Hören Sie in die täglichen Nachrichten hinein!

› Merken Sie noch, wie sich, ohne dass Sie vielleicht darauf achten, Leib und Seele zusammenziehen und verspannen?

› Vergegenwärtigen Sie sich, was im Fernsehen „läuft"! Wo sind jene Bilder, die in Ihnen Ruhe auslösen, die Ihnen ein Lächeln ins Gesicht zaubern?

Ich möchte dazu herausfordern, Widerstand gegen eine negativistische Haltung zu entwickeln.

- Gehen Sie einmal bewusst durch eine lebendige Geschäftsstraße und achten Sie auf die Gesichter der Vorbeieilenden. Wo sind die Menschen, die noch schlendern, die zum Beispiel auf das Lächeln einer alten Dame mit einem Lächeln antworten?

- Setzen Sie sich einmal in das Wartezimmer Ihrer Hausarztpraxis. Mir fällt auf, dass nur noch selten erfreuliche Gespräche aufkommen. Das war einmal anders.

- Können Sie sich, meine Damen, daran erinnern, wann Ihnen, als Sie einen Supermarkt betreten wollten, jemand die große Tür aufgehalten hat, sodass Sie davor bewahrt wurden, von dem Türmonster erschlagen zu werden?

- Es scheint so, dass Interviews nur dann als gelungen betrachtet werden, wenn die Interviewpartner so viel wie möglich „hinterfragt" werden, also keinerlei Rücksicht darauf genommen wird, ob sehr persönliche Fragen angebracht sind oder nicht. Nicht vergessen werde ich ein Radio-Interview – es fand nicht lange nach meiner Krebsdiagnose statt –, in dem ich zu meiner Überraschung auf meinen Krebs angesprochen wurde. Von der Erkrankung hatte ich meinem Interviewer nichts gesagt. Es bestand auch keinerlei Zusammenhang zu unserem Thema. Ich wehrte seine Fragen nach meinem Krebs nicht ab, denn ich war zu überrascht, um mich zur Wehr setzen zu können. Er hat mich sehr beschämt. Manchmal habe ich den Eindruck, als ob die Achtung vor Menschen, ihrer Geschichte, ihrer Unverwechselbarkeit, auch vor ihren Geheimnissen zu oft missachtet würde.

› Sind Sie auch manchmal erschrocken, wenn Sie davon lesen, dass viele Schüler unkonzentriert, niedergeschlagen oder an Leib und Seele krank sind?

Unter „Negativismus" verstehe ich eine trübe, weil einseitige Weltsicht, die das Denken und Fühlen einschränkt. Der primär negativ denkende, fühlende und handelnde Mensch verkennt die Möglichkeiten, die *auch* im Leben vorhanden sind. Er verbeißt sich in seine dunkle Weltsicht. Er grollt, er kritisiert, was ihm nicht geheuer ist, was ihm nicht auf Anhieb zusagt. Er übersieht den Menschen in seiner Nähe und das, was er braucht.

Er ist ein „Miesmacher". Bei ihm wird das Leben nicht warm. Von Aussöhnung weiß er nichts, von Güte schon gar nichts.

Selbstverständlich gibt es nicht wenige Zeitgenossen, die dem Negativismus nicht verfallen sind, die fühlen und sagen, das Leben sei schön! Ich beobachte jedoch einen Trend zum Negativen, von dem ich annehme, dass er zugenommen hat. Und ich möchte dazu herausfordern, Widerstand gegen eine negativistische Haltung zu entwickeln, sodass das Leben bekömmlicher wird.

Vielleicht sähe unser Leben anders aus, wenn uns die Macht des Gegenspielers[6] bewusst wäre. Wir könnten ihn täglich in unserem inneren Zwiegespräch zwischen dem Lebensbejaher und dem Lebensverneiner studieren. Den Lebensverneiner in uns nenne ich den Gegenspieler. Ich beschreibe ihn kurz:

Er ist die Personifizierung der Lebensverneinung – die dem Bewusstsein zunächst verborgene, tief wirksame destruktive Macht im Unbewussten. Der Gegenspieler ist eine allgemeinmenschliche Gegebenheit, ein *universelles* Problem. Er ist uns zugehörig, aber er gehört nicht zu uns persönlich. Deshalb sind wir für seine Anwesenheit *nicht verantwortlich*, wohl aber für unseren Umgang mit ihm. Er ist eine ständige persönliche Herausforderung.

Der Gegenspieler ist das schleichende Gift für die nach Reinheit und innerer Ordnung sich sehnende Seele.

Er ist die Personifizierung des nach Erlösung schreienden Destruktiven. Der Gegenspieler will den Menschen entwerten, wenn möglich töten (deshalb sprach Sigmund Freud in seinen letzten Jahren vom „Todestrieb"). Seine Argumente gegen das Leben wiederholt er ständig:

Du kannst nichts – Du bist nichts – Ich mache dich fertig – Du bist ein Versager – Schon deine Eltern waren Versager – Du wirst mich nicht los – Glaub nicht, du könntest mich irgendwann besiegen – Gegen mich hast du keine Chance.

Darf ich mich wiederholen? Die einseitig negative Sicht auf uns selbst und auf das Leben muss kein Schicksal sein oder bleiben. Wichtig ist, dass wir die dunklen und die hellen Pfade unserer Seele erkennen: die Abgründe in uns genau wie das „Gold im Geröll der Mine".

Aussöhnung bedeutet vor allem Frieden: mit sich selbst und mit dem Leben.

Gibt es denn dieses „Gold“ in uns wirklich? Sind Sie etwa der Meinung, es gäbe dieses „Gold“ nicht? Dann hilft Ihnen vielleicht die folgende Übung.

Das Gold in der Seele

Nehmen Sie sich einmal 15 Minuten Zeit für sich.

Schließen Sie die Augen.

Lassen Sie jegliche störenden Gedanken los.

Richten Sie dann Ihre Aufmerksamkeit auf die Formulierung: „Gold in meiner Seele“.

Vielleicht steigen in Ihnen neue Gedanken auf, die Sie selbst betreffen und die Sie erstaunen, vielleicht kommen Ihnen auch Bilder, die Sie ermutigen.

Wiederholen Sie dann und wann das Wort „Gold in meiner Seele“, bis Sie spüren, wie Sie tiefer und tiefer mit dem „Gold“ in Ihrer Seele in Berührung kommen.

Geben Sie nicht nach dem ersten Versuch auf. Wiederholen Sie diese kleine Übung, bis sie den Eindruck haben, auf sie nicht mehr verzichten zu mögen. Wundern Sie sich nicht, wenn die „hellen Pfade“ in Ihrer Seele zunehmen.

Selbst dann, wenn wir meinen, den Verlauf unseres Lebens vor allem bedauern oder gar beklagen zu müssen, bleibt – und bitte erachten Sie diese Chance nicht als gering – die Aussöhnung mit dem, was war oder ist. Aussöhnung bedeutet vor allem Frieden: mit sich selbst und mit dem Leben. Und sie ist weit mehr als eine behäbige Daseinshaltung, sondern eine zur Reife gelangende menschliche Möglichkeit.

Güte ist ein Wert, der primär den Zugang zur Aussöhnung öffnet.

Ein vernachlässigtes Thema: Aussöhnung – was sie ist und was sie bewirken kann

Wenn nichts vollkommen, nichts perfekt ist, wenn in jedem Gedanken, in jedem Gefühl ein unerledigter Rest bleibt, ist dann das Leben nicht zutiefst unbefriedigend? Heißt das nicht, dass wir uns mit dem Leben, so unvollkommen es ist, „einfach abfinden" müssen? Die Frage ist erlaubt, worin dann überhaupt der Sinn des Lebens bestände.

Doch die Frage ist *auch* erlaubt, ob es denn keine Lösungen gäbe, um mit allem Unvollkommenem leben, und zwar gut leben zu können? Doch, die gibt es! Deshalb habe ich dieses Buch geschrieben. Für eine dieser Lösungen möchte ich werben: für Aussöhnung mit sich selbst und dem Leben überhaupt.

Die Sehnsucht nach Ausgesöhntsein lebt in jedem Menschen, und sei sie ihm noch so unbewusst. Man kann diesen Wert vergessen oder verleugnen, man kann ihn verbittert in sich verkapseln oder trotzig negieren – aber er bleibt in uns als eine reale *Möglichkeit*, sich mit dem eigenen Leben, wie auch immer es verlaufen sein mag, auszusöhnen.

Was ist Aussöhnung?

› Aussöhnung ist eine warme Gefühlskraft, die jedem Menschen im *Grunde seiner Seele* zu eigen ist. Sie steht jedem offen – bis zum Tod.

› Aussöhnung ist ein Wert, der enttäuschtes, verletztes, ungeordnetes Leben ordnen und verändern kann, wenn sich ein Mensch dieser Grundmöglichkeit nicht verschließt.

› Aussöhnung ist eine Herausforderung der besten menschlichen Seiten, insbesondere unseres Geistes, der nicht damit einverstanden ist, dass verknotetes, leeres oder gar hassendes Leben ständig fortgesetzt wird.

› Aussöhnung ist Sache des Herzens, das ganz viel davon weiß, wie gut Leben sein kann. Sie ist eine wohlwollende Haltung allem Leben gegenüber.

› Aussöhnung kann erfahren, wer sich nicht mehr auf seine Bitterkeit, seine Resignation oder sein stumpfsinniges Dasein fixiert, sondern bereit ist, sich von diesen Blockaden der eigenen Weiterentwicklung zu befreien.

› Aussöhnung gelingt, wenn wir uns daran erinnern, dass wir nicht nur „Opfer" des Lebens sind – in welcher Form auch immer –, sondern dass wir frei sind: nicht von den Genen, von den Folgen der Erziehung oder von der Welt, in der wir leben, sondern frei gegenüber alledem – unter der Voraussetzung, dass wir unser Leben nicht verderben wollen.

› Aussöhnung erfüllt die verborgene Sehnsucht vieler Menschen, jedenfalls derer, die sich manchmal Zeit nehmen, um darüber nachzudenken, wie sie „eigentlich" leben möchten.

Gibt es Zugänge zur Aussöhnung? Ja!

Sich auszusöhnen ist zum Ersten ein Akt der *Vernunft*. Denn der vernünftige Mensch weiß, dass Nicht-ausgesöhnt-Sein die Seele und den Körper zerstört, vor allem dann, wenn der verweigerten Aussöhnung *Hass* vorausgeht. Wer hasst, ist nicht nur unfrei, er ist auch geistig und seelisch blind. Hass ist – wie die Liebe – eine unteilbare Gefühlskraft. Sie richtet sich nicht nur gegen andere, sondern auch gegen sich selbst. Wer hasst, verkennt die Vielzahl der Gefühle und Gefühlskräfte, die neben dem Hass auch menschliches Leben ausmachen können.

Und zum Zweiten? Reicht tatsächlich die Vernunft als Zugang zur Aussöhnung? Nein! *Güte* ist ein Wert, der primär den Zugang zur Aussöhnung öffnet. Doch wie ist das möglich?

Was ist Güte?

- Güte ist wie Aussöhnung ein *im Grunde* zu jedem Menschen gehörender, spezifisch menschlicher Wert. Güte ist gelebte Weitherzigkeit.

- Wer gütig ist, nimmt sich selbst nicht so wichtig, sieht und wächst über sich selbst hinaus.

- Der gütige Mensch ist nicht ständig damit beschäftigt, ob er erhält, was ihm zuzustehen scheint; er ist vielmehr offen für das, was einem anderen fehlt.

- Der gütige Mensch hat Freude daran, seinem Mitmenschen entgegenzukommen, ohne Berechnung, ohne Kalkül oder Strategie.

- Er verzeiht leichter als der ungütige Mensch, weil er seine eigenen negativen Möglichkeiten kennt und sie nicht auf andere projiziert.

- Er wird von vielen gemocht, vielleicht sogar geliebt, weil er eine besondere, nämlich liebevolle Ausstrahlung hat.

- Es gibt keinen gütigen Menschen, der nicht zugleich ein dankbarer ist. Dankbarkeit wiederum ist ein Schlüssel, nach dem Guten im Menschen *suchen* zu wollen.

- Güte würde die Welt verändern, wenn es hinreichend Menschen gäbe, die von diesem Wert nicht nur wissen, sondern ihn auch miteinander zu leben bereit wären.

Eine meiner Studierenden stellte mir die folgende Wertimagination zur Verfügung: *„Wie gelingt mir die Aussöhnung mit mir und meinem Leben?"* Sie ließ sich leiten und begleiten von ihrer Inneren Gütigen. Ihre innere Wanderung begann an ihrem Lebensfluss.

Ich gebe den Wortlaut ihrer Wertimagination fast ungekürzt wieder, weil sie, verehrte Leserinnen und Leser, auf diese Weise einen Einblick in die Vielfalt einer solchen Imagination erhalten. Die starken Bilder sind keine Übertreibung, zumal die Imaginandin keineswegs zu Übertreibungen neigt, eher zum Gegenteil. Wer sich auf die Tiefe der inneren Welt einlässt, sieht und fühlt eben tiefer als jemand, dem seine innere Wirklichkeit nicht vertraut ist.

Mein klarer Lebensfluss fließt ruhig dahin. Auf seinem Grund sehe ich Steine. Ich sitze am Flussufer und lasse meine Beine im Wasser baumeln – es ist ein angenehm erfrischendes Gefühl, und ich fühle eine Art Verspieltheit, ein Jungsein in mir.

Dabei halte ich Ausschau nach meiner Gütigen. Sie kommt von dem gegenüberliegenden Flussufer geradewegs auf mich zu und lächelt mich von der Ferne her an. Sie strahlt Sanftheit, Wärme, Milde, Ruhe, Einfachheit aus. Sie hat blondes Haar, leichte Locken fallen über ihre Schultern. Ihre braunen Augen strahlen eine tiefe Herzenswärme aus. Sie trägt ein schlichtes helles Kleid und ist barfuß. Ohne zu zögern, geht sie auf mich zu. Weichheit und Behutsamkeit gehen von ihrer Bewegung aus. Sie überquert meinen Lebensfluss ohne Probleme und ohne Anstrengung, so als würde sie die Steine am Grund des Flusses nicht spüren.

Bei mir angekommen, nimmt die Gütige zart meine Hand und umarmt mich. Ein tiefgehendes, starkes Gefühl von Herzlichkeit, echter Herzenswärme, wärmender Ruhe, Ausgeglichenheit, Sanftheit und Schlichtheit fließt von ihr auf mich über. Sie vermittelt mir das Gefühl: „Alles ist gut. Alles ist gut, so wie es ist. Du bist gut, so wie du bist." Mir kommen dabei die Tränen, ich bin berührt von diesem tiefen Gefühl des vollkommenen Angenommen-Seins. Ich frage meine Gütige: „Wie gelingt mir die Aussöhnung mit mir und meinem Leben?"

Sie nimmt mich sanft an der Hand und führt mich über ein abgeerntetes Feld (Symbol für vergangenes Leben). Da steht nichts Fruchtbares mehr, es ist ausgetrocknet und bräunlich. Über den festen, trockenen Boden mit den harten Rückständen der Ernte kann ich leicht gehen, sie verursachen keine Schmerzen an meiner Fußsohle – auch ich bin barfuß unterwegs.

In diesem Feld fallen mir ein paar dunkle Kreise auf, sie scheinen abgebrannt zu sein. Ich schaue ratlos meine Gütige an, sie lächelt mich an und gibt mir zu verstehen, ich solle diese Kreise genauer betrachten. Während ich so in die verbrannten Kreise schaue, überkommt mich das tiefe Gefühl: „Ich habe mich mit meiner eigenen Vergangenheit ausgesöhnt – ich habe mich verabschiedet von der Magersucht, der Bulimie sowie davon, mit Alkohol meine seelischen Probleme lösen zu wollen. Ich kann mit gütigem Blick auf mein zahlreiches Versagen, auf meine vielen Fehler schauen, die ich in der Vergangenheit gemacht habe. Ich kann mit versöhnendem Blick auf mein vergangenes Leben blicken." Meine Gütige spüre ich jetzt ganz dicht, ganz nahe bei mir, sie hält fest meine Hand. Jetzt wird mir bewusst, wie oft meine Gütige bereits an meiner Seite war, wie oft sie mich schon gehalten hat. Ich spüre tiefe Verbundenheit mit ihr – meine Gütige umarmt mich. Erneut kommen mir während der Wertimagination Tränen. Diese Vertrautheit kann ich nicht in Worte fassen.

Wir gehen Hand in Hand weiter und kommen zu einem extrem hohen, sehr schmalen Berg. Ein Gefühl von „Ich will da hinauf, ich muss da hinauf" überkommt mich. Der Weg hinauf ist sehr eng und scheint nicht einfach zu bezwingen zu sein. In mir entsteht ein Zögern. Zweifel und Angst steigen in mir auf. Ich bin überrascht und eingeschüchtert von diesem gefährlichen Weg bis zum Ziel, aber ich will da unbedingt hinauf. Da spüre ich wieder deutlich den festen Händedruck meiner Gütigen – ihr Da-Sein, ihre Anwesenheit bringt mich weg von meiner Angst, ich werde ruhiger, der Zweifel, die Angst verziehen sich. Wir nähern uns dem Berg.

Jetzt erkenne ich, dass am Aufstieg andere Gestalten auf uns warten: mein Innerer Mutiger und meine Vertrauensvolle. Beide sind mir bereits sehr vertraut. Ich freue mich, sie zu sehen! Auch sie freuen sich. Mein Mutiger vermittelt mir durch seine smaragdgrünen tiefgründigen Augen Stärke, Standhaftigkeit, Durchsetzungsvermögen, Selbstsicherheit, Selbstbewusstsein, Stehvermögen, Entschlossenheit und Mut – ich nehme diese Gefühle gut in mich auf. Dann umarmt mich meine Vertrauensvolle, von der eine unbeschreibliche Vertrautheit ausgeht. Sie kennt mich, sie kennt meine Fähigkeiten und meine Schwächen. Ich spüre ein Gefühl von blindem Vertrauen.

Meine Gütige lächelt mich jetzt liebevoll an und sagt zu mir: „Du bist nie allein auf deinem Weg.“ Alle drei Wertgestalten nehmen mich in die Mitte. Gestärkt durch sie mache ich mich auf diesen engen, gefährlichen Weg. Der Aufstieg mit ihnen ist mühelos, leicht und unbeschwert. Ich spüre ein tiefes Gefühl von Leichtigkeit durch das Im-Vertrauen-Sein. Mein Mutiger, meine Vertrauensvolle und meine Gütige stärken mich und geben mir Halt. Ich kann alles schaffen in ihrer Begleitung – ich werde alles schaffen mit ihrer Begleitung und Nähe!

Oben angekommen, überkommt mich ein überwältigendes Gefühl von Freiheit. Diese Aussicht, diese wunderschöne Weite, die zugleich Geborgenheit ausstrahlt! Klare

Freiheit und Geborgenheit durchströmen meinen Körper. Ich spüre eine tiefe Aussöhnung mit meiner Angst und mit meinem Zweifel, die sich immer wieder in meinem Leben zeigen, doch mit dem Mutigen, der Vertrauensvollen und der Gütigen haben sie keine Chance, mich von meinem Weg abzubringen.

Ich bedanke mich bei meinen drei Wertgestalten und verabschiede mich von ihnen. Dann kehre ich aus der inneren Wirklichkeit in die äußere Realität zurück.

Ist diese Vorstellung von Aussöhnung und Güte nicht blanke Illusion? Wunschdenken? Bloße Schwärmerei, fernab der Realität? Oder ein Mangel an Kenntnis dessen, was der Mensch ist? Wer so denkt und fühlt, ohne sich in diese beiden Werte eingedacht und eingefühlt zu haben, mag weiterleben wie bisher.

Mir ist sehr wohl bewusst, dass in dieser Zeit weltweit andere Werte an der Spitze der Werthierarchie stehen: Geld, Erfolg, Leistung, Durchsetzungsfähigkeit. Doch zufrieden, gar glücklich, machen diese Werte aller Erfahrung nach nicht; das scheint sich inzwischen auch herumgesprochen zu haben. Und warum können diese vermeintlichen „Spitzenwerte" in aller Regel nicht glücklich oder wenigstens zufrieden machen? Weil die menschliche Seele, deren Mitte der Geist ist, mit ihnen als Primärwerte nicht einverstanden ist. Woher ich das weiß? Aus vielen Tausend Gesprächen mit Klienten, die „das alles" hatten, nur das Wesentliche nicht: Frieden, Zufriedenheit, das Gefühl, mit sich eins zu sein, ja, auch Glück.

„Ich möchte dabeistehen können bei allen Aussöhnungen in der Welt, weil uns keine Liebe so tief bewegt wie die wiederkehrende."

JEAN PAUL

Trotzdem: Sind Aussöhnung und Güte – sie stammen ja vor allem aus dem christlichen Kulturgut –, nicht antiquierte Vorstellungen, die nicht mehr in diese Zeit passen? Und wenn dieses „Kulturgut" noch immer das Zeug dazu hätte, Leben „gut" zu finden, Frieden zu erlangen und neue Erfahrungen mit dem Leben machen zu können, auch wenn es anders verläuft, als es den Vorstellungen entspricht?

Jean Paul, der faszinierende deutsche Schriftsteller, hat einmal gesagt: „Ich möchte dabeistehen können bei allen Aussöhnungen in der Welt, weil uns keine Liebe so tief bewegt wie die wiederkehrende." Und wenn ich die Qualität des Gefühls von Aussöhnung wieder in kleinerem Format beschreiben darf, kommen mir diese Beispiele: Wie beglückend wirkt es, wenn sich ein zerstrittenes Paar wieder in den Armen liegt und beide einander nichts mehr zu sagen brauchen. Oder: Welche Wende in beider Leben würde es bewirken, wenn der zerstrittene Vater und Sohn sich aussprechen und miteinander weinen würden? Oder, wieder anders: Wie befreiend ist es, wenn eine vom Vater tief verletzte Tochter von ihm – wenngleich erst auf dem Sterbebett – den Satz hört: „Vergib mir, was ich dir angetan habe"?

Beispiele dafür, wie Aussöhnung durch Güte unser Leben im Alltag verändern könnte:

- Aussöhnung mit der *Vergangenheit,* wenn sie nicht so war, wie sie hätte sein sollen,

- Aussöhnung mit der belastenden *Gegenwart,* die so wenige Perspektiven auf Veränderungen zuzulassen scheint,

- Aussöhnung mit der *Zukunft,* die noch nicht begonnen hat und deshalb ständig Sorgenstrahlen in diese Zeit sendet,

- Aussöhnung auch mit unserem *Körper,* der wenig von anderen bewundert wird, am wenigsten von uns selbst,

- Aussöhnung mit unserer *Seele,* die nicht so heiter und ausgeglichen ist wie zum Beispiel die unserer Freunde,

- Aussöhnung mit unserem *Geist,* der zu viel Mühe hat, technische oder geistige Dinge zu begreifen,

- Aussöhnung mit der *Zeit,* die vielleicht ganz anders ist als wir sie uns wünschen,

- Aussöhnung damit, dass es kaum Gerechtigkeit in der Welt gibt, dass vielmehr *Ungerechtigkeit* ein Signum dieser Welt ist,

- Aussöhnung mit der Tatsache, dass wir sterben müssen.

Von alledem soll in den nächsten Abschnitten die Rede sein.

Aussöhnung mit einer schmerzvollen Vergangenheit

Es ist unstrittig, dass der Verlauf unseres Lebens zunächst wesentlich von der Vergangenheit bestimmt wird, im Positiven wie im Negativen. In der Tat macht es einen erheblichen Unterschied, ob ein Kind eine besonnte Kindheit hatte oder ob es in seinen jungen Jahren im Schatten aufwuchs. Es macht einen Unterschied, ob ein Kind behütet ins Leben geführt wurde oder schon früh Einsamkeit, Streit oder Krankheiten zu durchleiden hatte. *Zunächst!*

Wenn dann die Jahre dahingehen und ein Mensch bereit ist, sich mit seiner schwierigen Kindheit auseinanderzusetzen, mag es sein, dass er einen guten Abstand zu den Schmerzen von einst entwickeln kann. Jedoch: Ob er diese frühe Zeit jemals *gänzlich* überwinden kann, ist meiner Erfahrung nach Wunschdenken. Wie viele meiner Klienten und Patienten sagten mir am Beginn unserer gemeinsamen Arbeit nicht ohne Stolz, was ihnen einmal wehgetan habe, sei längst bearbeitet. Doch im Laufe der Zeit stellte sich heraus, dass sie sich geirrt hatten. Ich gehe also davon aus, dass auch die Auseinandersetzung mit den alten Verletzungen – ich formuliere vorsichtig – nur selten ganz der Vergangenheit angehört.

Ein persönliches Beispiel: Meine Gedanken gehen immer wieder zu meinem Vater zurück. Manchmal wehmütig, manchmal wütend auf ihn, den SS-Mann. Und weil Väter eine Säule für Kinder sind, ist die Frage erlaubt, ob mich diese Beziehung – oder Unbeziehung – irgendwie gespalten hat. Nein, hat sie nicht. Warum nicht? Weil mein und unser Leben mehr ist als die Vaterbeziehung, mehr auch als unsere Mutterbeziehung. Weil die Behauptung nicht stimmt, die Kindheit, besonders die schwere, bestimme das ganze Leben.

Ich habe Jahr für Jahr viel Selbsterfahrung durchlebt und bin dafür dankbar. Überwunden habe ich jedoch das, was mir als Kind zugemutet wurde, keineswegs in Gänze. Noch heute, mit über 80 Jahren, sehe ich mir immer wieder Dokumentationen über die NS-Zeit an. Und währenddessen sucht mein Blick – noch heute! – unter den marschierenden SS-Soldaten meinen Vater. Es könnte ja sein, dass ich ihn zu Gesicht bekäme, dass unter dem Stahlhelm ein irgendwie liebenswerter Vater zum Vorschein käme.

Im Laufe meiner beruflichen Arbeit habe ich viele, sehr viele Lebensgeschichten gehört. Ich finde bis heute fast jede bewegend, berührend, einzigartig. Ich gebe mir Mühe, die Schmerzen der alten Zeit überwinden zu helfen. Als ich jung war in meinem Beruf, glaubte ich, die dunklen Schatten würden nach einer gewissen Zeit verflogen sein. Nun, da ich alt bin und mehr Erfahrung als damals habe, glaube ich, dass zwar viele schwere Erinnerungen dank therapeutischer Arbeit verblassen können, dass jedoch – jedenfalls bei schweren Kindheiten – ein unerledigter Rest, und sei er noch so unbewusst, bleibt.

Ist das nicht „traurig“? Letztlich nicht. Denn in aller Regel ist nicht das, was wir erlebt haben, bestimmend. Das gilt für alle Ereignisse in unserem Leben, und auch für die alte schwere Zeit. Sondern es kommt darauf an, *wie* wir darauf blicken: ob wir uns die Bitterkeit, sofern sie noch da ist, „bewahren“ – uns also dauerhaft als „Opfer“ unserer Kindheit sehen, alle Lösungswege verweigern oder unser ganzes Leben aufgrund der Vergangenheit für *verloren* halten – oder ob wir nach einer Lösung *suchen,* die uns Frieden schaffen könnte.

Aber gibt es nicht Lebensschicksale, die so hart sind, dass Menschen daran zerbrechen, und keine noch so gut gemeinte „Idee" das Gefühl der Verlorenheit verhindern kann? Ja, es gibt solche Lebensschicksale, die einem Menschen bis zu seinem Tod zu schaffen machen. Da gibt es nichts zu beschönigen. Ja, es gibt Lebensläufe, die den Betroffenen alle Kräfte aussaugen und denen gegenüber es zynisch wäre, ihnen mit großen Worten zu kommen. Dann kann es, wenn wir einem solchen Menschen begegnen, wichtig sein zu schweigen, vielleicht nur zu sagen: „Gib mir, was dir wehtut."

Ist das alles, was zum Thema Vergangenheit zu sagen ist?
Nein. Wir können uns mit der alten Zeit, abgesehen von den bewährten methodischen Hilfen,[7] durch *Güte* aussöhnen.
Und wie?

Dadurch, dass wir gütig auf die vergangenen Jahre unseres Lebens zurückblicken.
Auch auf die, die bis heute unser Leben verdunkeln?
Auch auf die.
Auch auf jene, die verhinderten, dass unser Leben einen ganz anderen Verlauf nahm, als möglich gewesen wäre?
Auch darauf.
Und wie geht das? Wie blickt man gütig auf sein vergangenes, schweres oder schwieriges Leben zurück – ohne Groll, ohne Hass, ohne Verzweiflung, ohne Bitterkeit und schon gar nicht mit Resignation?

Ob ein Mensch die frühen Zeiten einer schwierigen Kindheit jemals gänzlich überwinden kann, ist meiner Erfahrung nach Wunschdenken.

Lassen Sie mich einige Hinweise geben, die ich nicht laut, sondern eher leise sage, aber in der festen Überzeugung, dass Güte eine reale Möglichkeit ist, um sich mit der eigenen Vergangenheit auszusöhnen:

> **Aussöhnung gelingt niemals rasch. Wer sein Leben verändern will, muss das auch wollen – mit ganzem Herzen und ganzer Seele. Und er darf nicht gleich kapitulieren, wenn sich die Lösung nicht bald einstellt.**

Für den, der noch immer mit seinem früheren Verletzer hadert, ist es wichtig, sich das, was war, noch einmal zu vergegenwärtigen, damit ihm bewusst wird, ob er sich mit dem Verletzer tatsächlich aussöhnen möchte und kann.

Aber was ist, wenn der frühere Verletzer seinerseits noch immer mit dem Geschehen von damals hadert und eine Aussöhnung verweigert? Dann ist der Weg ins eigene Innere eine reale Möglichkeit: Durch eine Reihe vom Wertimaginationen kann man zu Frieden gelangen, zum Beispiel indem man mit dem „Inneren Gütigen" zum „Ort der Aussöhnung" geht. Manchmal ist es notwendig, vor einer solchen inneren Wanderung nach der verborgenen *Wurzel der eigenen Unversöhnlichkeit* zu fragen, weil vielleicht erst dann der Weg zur Erfahrung der verborgenen Güte frei wird.

Hilfreich ist auch zu lernen, *Mitgefühl* (nicht Mitleid!) mit sich selbst zu entwickeln. Denn Mitgefühl ist die Bedingung der Möglichkeit, gütig zu werden.

Nie werde ich die Therapie mit einer Frau vergessen, die eine extrem schwere Kindheit hatte. Zunächst kamen wir keinen Schritt weiter. Erst als sie ihre eigene verborgene „Innere Mitfühlende" entdeckte, gelang es ihr in überschaubarer Zeit, die alten Verletzungen weithin zu überwinden.

Wir Menschen haben unsere Möglichkeiten, auf uns selbst und unser Leben Einfluss zu nehmen, noch längst nicht ausgeschöpft.

Am 2. September 1997 schied Viktor Frankl, der bekanntlich in vier Konzentrationslagern gelitten hatte, in Wien aus dem Leben. Er starb bewusst, frei von tragischen Gefühlen, in großer Gelassenheit und, wie ich ihn kennengelernt hatte, gütig dem Leben gegenüber. Für das Ende seines Lebens gilt ein Wandspruch, den er im Grödnertal in Südtirol erstanden hatte. Es lohnt sich, diesen Spruch auf sich wirken zu lassen, nicht nur einmal, sondern immer wieder:

Leuchtende Tage
nicht weinen, dass sie vergangen,
sondern lächeln,
dass sie gewesen.

Ich frage mich, liebe Leserinnen und Leser, wie Sie diesen Abschnitt aufgenommen haben. Ich würde Sie gut verstehen, wenn sie sagten: „Der Mann meint es ja gut mit dem, was er uns da vorsetzt. Aber ein bisschen weltfremd scheint er zu sein." Letzteres muss ich verneinen. Wer über 50 Jahre mit Menschen arbeitet, dem ist nichts fremd – an menschlichen Abgründen, aber eben auch an Beglückendem.

Güte ist ein Existenzial, ein zu jedem Menschen gehörendes Gefühl. Es mag verkapselt, verdrängt oder der Lächerlichkeit preisgegeben sein, doch es bleibt eine reale Möglichkeit, solange wir leben. Nur hat vor allem das rasant dahingelebte Leben vieler Menschen dazu geführt, dass sie, wie der Religionsphilosoph Paul Tillich gesagt hat, die „Dimension der Tiefe" zunehmend verlieren oder bereits verloren haben.

Aussöhnung mit einer Gegenwart, die man sich ganz anders vorgestellt hatte

Ich kenne Menschen, die mit roten Wängelein behaupten, sie seien rundum glücklich. Und ich werde mich hüten, ihnen den Glauben an ihr uneingeschränktes Glück durch unbequeme Fragen zu versäuern – es sei denn, irgendein Anliegen hat sie veranlasst, in die Ordination zu kommen.

Aber vielleicht werden Sie, verehrte Leserinnen und Leser, dagegen einwenden: Gibt es denn nicht Halt gebende Dinge im Leben, die für unser Dasein trotz mancher Unebenheiten konstitutiv sind und daher in keiner Weise einer Aussöhnung bedürfen?

Ja, selbstverständlich, und ich gehe gern auf die Dinge ein, die uns vermeintlich Halt geben.

„Bleiben Sie gesund!"

Wie oft sagen oder hören wir diesen kurzen Imperativ, der vor allem den Körper meint. Die Häufigkeit dieses Ausspruchs ist ein unverkennbares Symbol für die Bedeutung, die die meisten Menschen der körperlichen Gesundheit zuschreiben. Denn sie bedeutet, dass die *Grundlage* für ihr vitales Leben gegeben ist. Und vermutlich haben sich Menschen zu kaum einer anderen Zeit so darum gekümmert wie in dieser.

Aber: Vielen Menschen fehlt heute diese Grundlage. Und: Ist die körperliche Gesundheit „alles"?

„Aber die Partnerschaft …"

Manche schwören, es gebe nichts Wichtigeres als die Partnerschaft. Sie genießen das wechselseitige Verstehen, das Einstehen füreinander, das Lieben und Geliebtwerden, das Nicht-mehr-einsam-Sein. Sie nennen diese Art zu leben Glück. Ich freue mich über jedes Paar, das Glück ausstrahlt.

Aber: In wie vielen Partnerschaften wird das Glück immer wieder durch Krisen unterbrochen und wie viele Partner trennen sich!

„Natürlich die Familie!"

Für viele steht die Familie in der Wertehierarchie an erster Stelle. So hörte ich kürzlich einen Mann sagen: „Die Familienbande können sich dehnen, aber sie reißen nicht." Wie schön, wenn Menschen sich in ihren Familien aufgehoben fühlen und sie ihnen ein Heimatgefühl geben!

Aber: Wie viele Familien sind zerstritten und wie viele werden gerade in dieser Zeit getrennt – viel mehr als in früheren Zeiten.

„Das Glück der Freundschaft"

Wieder andere erfahren das Glück der Freundschaft. Man vertraut einander, verlässt sich aufeinander, geht mit dem oder der „durch dick und dünn", wagt, mit ihr oder ihm zu weinen, fühlt sich nicht bewertet, muss mit der „Beziehung" nicht immer wieder von vorn beginnen.

Aber: Viele Menschen träumen davon, *träumen* nur davon!

*Vergegenwärtigen
wir uns immer wieder,
dass wir mit unserem
ganzen Leben,
jeder Facette unseres
Seins für uns selbst
einstehen.*

„Wie ich meinem Beruf liebe!“

Wie gut hat es ein Mensch, der sich in seinem Beruf wohlfühlt! Der sich schon auf dem Weg zu seiner Arbeitsstätte freut. Der keine Langeweile kennt, der immer wieder Neues entdeckt. Der weiß, dass er gebraucht wird. Der auch mit seinen Kollegen und Kolleginnen eine freundliche Beziehung pflegt. Der seinen Beruf immer wieder wählen würde.

Aber: Für so viele Menschen gilt das nicht!

„Ich kann tun, was mir entspricht.“

Und wie gut hat es der Mensch, der eine persönliche *Lebensaufgabe* hat und sie *bejaht!* Der durch sein eigenes Talent herausgefordert ist. Der in seiner Familie, in seinem Freundeskreis, in seinem Berufsfeld, in der Partei oder in dem Ort, in dem er wohnt, tun kann, was ihm entspricht. Der sich nicht über Jahre mit dem Gedanken quält, ob das, was er tut, „das Richtige“ für ihn sei und ob es Sinn mache.

Aber: Es gibt nicht so viele solcher „Glückspilze“.

„Wir sind auf einer Wellenlänge“

Dann gibt es Menschen, die miteinander *geistig verbunden* sind, die sich ihrer gemeinsamen Wellenlänge bewusst sind, sich auf jedes neue Treffen freuen und ohne ihre Gemeinschaft nicht sein möchten. Ich denke zum Beispiel an Literaturkreise, Philosophenzirkel, lebendige Kirchengemeinden oder Künstlervereinigungen, auch an besondere Nachbarschaften.

Aber: Viele Menschen haben keinen Zugang zu einer solchen Verbundenheit!

„Wie wohl ich mich im Wald fühle."

Kaum jemand wird die Bedeutung der *Natur* für menschliches Leben bezweifeln: auf Wanderungen durch lichtdurchflutete Wälder, beim Schlendern am Meer, wenn die Strahlen der Sonne auf das eigene Gesicht fallen, beim Bestaunen der Millionen und Abermillionen Sterne am nächtlichen Himmel, beim tiefen Einatmen der klaren Morgenluft, beim Duft der Rosen oder dem kostbaren Geschmack des frisch gepflückten Obstes.

Aber: Längst nicht alle Menschen erfahren solche Genüsse.

„Mich hält und trägt auch die Kultur!"

In der Schule – ach, wie lang liegt diese Zeit zurück! – beeindruckte mich das kleine Büchlein des englischen Erzählers und Dramatikers William Somerset Maugham: „Outstation". Da verbringt ein englischer Offizier seine Tage auf einem Außenposten in Indien. Nichts ereignet sich. Nichts hat er zu tun. Er hat auch keine Kontakte zu seiner militärischen Einheit. Und doch überlebt er gut: Zu jeder Mahlzeit zieht er sich um, wie damals in England, und lässt sich von seinem Adjutanten bedienen.

Aber: Viele sind nicht so gebildet wie dieser englische Offizier.

Es ist viel wert,

wenn wir Familie, Partner, Freunde haben, die zu uns stehen,

wenn wir in unserem Beruf (hoffentlich nicht ganz!) aufgehen,

wenn wir unsere ganz persönliche Lebensaufgabe gefunden haben,

wenn wir dem Land, in dem wir leben, auch Gutes abgewinnen können,

wenn wir offen für Natur und Kultur sind,

wenn wir in der Lage sind, über unseren schmalen persönlichen Horizont hinauszusehen,

wenn wir das Gefühl haben, auf dem Weg zur viel zitierten Selbstverwirklichung ein gutes Stück vorangekommen zu sein,

wenn wir beginnen, uns nicht nur lieben zu lassen, sondern auch selber zu lieben und auf diese Weise unserer verborgenen Güte näherzukommen.

Aber: Je aufrichtiger ein Mensch mit sich selbst umgeht, je weniger er seine ungelösten Probleme auf seine Mitwelt projiziert, abschiebt oder überträgt, je mehr er bereit ist, sich in Gänze *das Helle und das Dunkle* anzuschauen, seine Erfolge und sein Versagen, das, was ihn treibt, und das, was ihn *anzieht*, je wahrhaftiger ein Mensch sich selbst ansieht, desto mehr erfährt er, was der Weise aus Nazareth gesagt hat: „Die Wahrheit wird Euch *frei* machen." Diese Wahrheit aber, auch die sich selbst gegenüber, ist niemals schneidend oder bitter oder zynisch oder gar sarkastisch, wenn sie gütig ist.

Es gibt keine Sicherheit, dass die Zukunft uns bringen wird, was Vergangenheit und Gegenwart uns versagt haben

Oft höre ich in mir noch den Satz Wolf Biermanns, des früheren DDR-Sängers: „Und morgen, da komme ich ganz groß raus." Oder ich denke an die euphorische Aufbruchstimmung der frisch gewählten deutschen Regierung, die meinte, zu neuen Ufern aufbrechen zu können. Auf den Gesichtern der zweifellos hoch engagierten jungen Politiker ist das Lächeln jedoch inzwischen rar geworden. Ja, die Geschichte verändert sich und findet immer neue Ausdrucksformen. Aber, so frage ich: Gibt es tatsächlich Fortschritte in Richtung eines Lebens mit mehr Glück, Sinn, Zufriedenheit, Sorglosigkeit, Identität?

Es wird immer Möglichkeiten geben, das Leben zu bejahen.

Wer nur ein wenig die Tiefe der menschlichen Seele kennengelernt hat, dem kommen daran Zweifel. Der Mensch bleibt Mensch in seinen strahlenden Möglichkeiten ebenso wie in seinen finsteren Abgründen. Zum Verzweifeln ist das keineswegs. Es wird immer Möglichkeiten geben, das Leben zu *bejahen*. Das Leben, wie es ist, mit all seinen fortlaufenden Veränderungen, und das, wie es war, und wie es sein wird.

Sollte mich jemand fragen, ob ich daran glaube, dass in der Zukunft alles oder fast alles besser werden wird, so antworte ich: „Nein!"
Trotz aller Fortschritte nicht?
Trotz aller Fortschritte nicht!
Die Euphorie des Fortschrittsglaubens Ende des 19. Jahrhunderts endete in der Katastrophe des Ersten Weltkrieges. Der Traum der Nationalsozialisten vom Tausendjährigen Reich endete in einer noch größeren Katastrophe, um nur zwei mir naheliegende Beispiele vom Fortschrittsglauben zu nennen.

Warum also wird es meiner Meinung nach kein irdisches Paradies geben? Weil ein Mensch zwar sein *Verhalten* ändern kann – und das kann großartig sein! –, nicht aber seinen *Charakter, seinen Typus. Ist* das – wenn es denn so wäre, wie ich es sage – nicht „schrecklich"?

Nein! *Denn wir Menschen haben unsere Möglichkeiten, auf uns selbst und unser Leben Einfluss zu nehmen, noch längst nicht ausgeschöpft.* Und jetzt wünschte ich mir Engelszungen, um dasjenige zu veranschaulichen, was für die Zukunft bedeutsam werden könnte. Was wäre denn das Wichtigste außer den in Teil 1 beschriebenen Wegen?

In meinem 1992 erschienenen Buch *Das Leben meint mich*[8] fand ich einen Text, den ich schon damals geliebt habe. Und mir scheint, dass er auf angemessene Weise erfasst, was das Wichtigste auch in der Zukunft sein könnte. Sie werden fragen, ob „das" nicht auch für die Gegenwart gelten sollte. Ja, sicher! Aber ich begegne so vielen Menschen, deren Kopf weiß, was zu tun ist, deren Herz jedoch darüber klagt, dass sich der Kopf in allen wesentlichen Lebensfragen durchsetzt. Dem Text, den ich fand, würde ich heute die Überschrift geben:

Immer mehr lernen, gut zu sich zu sein.

*Wer gut
zu sich ist,
dem weitet sich
das Herz.*

„Ein Geschenk kann ich verweigern, ich kann es auch annehmen. Ich kann es auswickeln, ich kann es auch verpackt in die Ecke legen. Ich kann es pflegen, auch ramponieren, kann es achten, auch zerstören.
Du bist dir gegeben. Ob du dich *angenommen* hast?
Wer sein Leben als Geschenk betrachtet und angenommen hat, ist ein Mensch, der gut zu sich ist. Wer gut zu sich ist, fühlt sich für sich selbst zuständig, vor allem dafür, dass es ihm gutgeht. Er achtet auf sich.
Er geht durch die Zeit in dem Bewusstsein, dass jeder Tag ein Geschenk für ihn ist.
Du sagst, du kannst nicht gut zu dir sein, weil du so bist, wie du dich nicht haben willst? Wenn du so redest, haben wir uns nicht verstanden. Du sollst nicht gut zu dir sein, *wenn* du schön, intelligent, leistungsstark, originell oder beliebt bist. Du sollst gut zu dir sein, weil du du bist, weil du nur dich hast, weil kein anderer als du dazu berufen bist, gut zu dir zu sein.
Dir bist du geschenkt — dir!
Willst du überhaupt gut zu dir sein? Zerdenk nicht diesen Satz. Lass ihn auf dich wirken. Lass ihn in deine Seele einziehen wie eine gute Salbe in deine Hand.
Du wärest nicht der Erste, dem dieser Satz gutgetan hätte."

Ist diese „Anweisung zur Tat" nicht sehr egozentrisch? Nein. Denn wer gut zu sich ist, dem weitet sich das Herz, der fühlt Güte in sich selbst, der fühlt immer wieder Hoffnung und Glück, der öffnet sich gern auch anderen Menschen. Ob das schwer ist oder leicht? Das hängt davon ab, wie tief du in deine Seele hineinsiehst.

Aussöhnung mit dem eigenen Körper, der eigenen Seele und dem eigenen Geist

Gern gehe ich auf diesen Abschnitt ein, denn ich habe im Lauf der Jahre nicht wenige Menschen kennengelernt, die entweder mit ihrem Äußeren oder mit ihrer Ausstrahlung oder ihrer geistigen Potenz unzufrieden, wenn nicht unglücklich waren und sind. Hinsichtlich des Körpers klagt zum Beispiel der eine, er sei zu groß, der andere findet sich zu klein. Die eine fühlt sich zu korpulent, die andere zu dünn. Der eine wünscht sich ein markanteres Gesicht, die andere findet sich nicht schön genug. Selbstverständlich reagiert unsere Seele darauf mit Unzufriedenheit – nicht immer, aber oft genug.

Käme jemand mit einem solchen oder ähnlichen Anliegen zu mir, würde ich nichts kommentieren oder beschönigen oder die Problematik zu relativieren versuchen, denn es geht ja um seine Sicht auf sein Problem. Egal ob es sich um ein körperliches Problem, ein seelisches Defizit oder ein Leiden am Mangel an geistiger Potenz handelt – ich würde in etwa wie folgt mit ihm sprechen:

„Was immer Sie an sich nicht mögen – darf ich Sie daran erinnern, dass Ihr Körper, Ihre Seele und auch Ihr Geist *Ihnen* gehören? Und dass alle drei Bereiche Ihres ureigenen Menschseins darauf warten, bejaht, angenommen, vielleicht sogar geliebt zu werden, und zwar zu allererst von Ihnen selbst? Das können Sie nicht? Darf ich Ihnen eine Geschichte erzählen, die schon lange zurückliegt und noch immer für mich Bedeutung hat? Denn vor vielen, vielen Jahren habe ich zu diesem Thema eine beeindruckende Lektion erfahren, die deutlicher als viele Worte zum Ausdruck bringt, was ich sagen möchte:

Ihr Körper, Ihre Seele und Ihr Geist gehören Ihnen.

Eines späten Abends wurde ich von meinem damaligen Chef zu einer Frau geschickt, von der er mir sagte, sie sei möglicherweise suizidal. Nachdem ich mich ihr kurz vorgestellt hatte, erzählte sie mir bereitwillig ihr Leben und breitete auch die Mängel aus, deretwegen sie um Beratung ersucht hatte. Ich hörte ihr lange zu. Als sie geendet hatte, drückte ich mein Mitgefühl aus.
Sie aber sagte den Satz, den ich auch nach einem halben Jahrhundert nicht vergessen habe: ‚Aber das war doch *mein* Leben', und, als ob sie es mir einschärfen wollte, wiederholte sie: ‚Aber das war doch mein Leben.' Sie gebrauchte nicht die uns so leicht über die Lippen kommenden Begriffe wie Selbstentscheidung und Selbstverantwortung und deren Variationen. Sie sagte nur – und sah mich dabei wie selbstverständlich lächelnd an: ‚Aber das war doch *mein* Leben.'
‚Außer dem, was mir an mir gefällt', so hätte die Frau fortfahren können, ‚gehört auch das andere dazu, das Schwierige, das ich mir nicht ausgesucht habe, mit dem ich nicht zurechtkomme. Doch weil auch das zu mir gehört, stehe ich dafür ein, mir selbst und den Menschen gegenüber, die mit mir leben. Ich stehe für *mein* Leben ein.'"

Erst Jahre später begriff ich, was die Frau mir hatte sagen wollen. Nein, sie sprach nicht von Aussöhnung, auch nicht von Güte. Sie *war* mit sich ausgesöhnt, sie war sich selbst gegenüber gütig. Sie war alles andere als suizidal, sie lehrte mich jungen Menschen ganz Wesentliches.

Ich weiß, dass für einen Menschen, der sich partiell oder ganz ablehnt, kein Satz, keine Stunde ausreicht, um ihm helfen zu können. Aber das, was ich eben zu sagen versuchte, müsste wie eine Arznei betrachtet werden, die man über längere Zeit einnehmen sollte. Also: sich immer wieder vergegenwärtigen, dass wir mit unserem ganzen Leben, jeder Facette unseres Seins für uns selbst einstehen.

Und schließlich: Insbesondere für Menschen, die wenig zu sich selbst stehen, sind Wertimaginationen hilfreich, weil nicht so sehr ermutigende Sätze von außen, als vielmehr die aus der eigenen seelischen Tiefe bewusst werdenden Sinnbilder dem innerlich Verwundeten zu einem veränderten, vielleicht sogar neuen Daseinsgefühl verhelfen können.

Ob ich noch einen kleinen „Tipp" für Sie habe? Einen kleinen, ja, wenn Sie ihn nicht zu profan finden: Strecken Sie hin und wieder Ihre Hände aus und schauen Sie sie aufmerksam an. Das sind Ihre Hände! Ihre ureigenen Hände!

Wir stehen mit unserem ganzen Leben für uns selbst ein.

Ein anderer kleiner Tipp: Schließen Sie die Augen und schauen Sie sich an, wie es in Ihnen atmet. Vergegenwärtigen Sie sich, dass Sie Ihren ureigenen Atem hören.

Ein dritter Tipp, wenn Sie ihn nicht albern finden: Schauen Sie manchmal in den Spiegel und lassen Sie Ihr Gesicht auf sich wirken. Dieses Gesicht, das Sie aus dem Spiegel anschaut, ist mit keinem anderen vergleichbar. Es gehört nur Ihnen! Und wenn Sie es nicht mögen? Es kommt nicht darauf an, ob es schön ist oder markant, ob jung oder alt: Es ist *Ihr* Gesicht. Und Sie würden sich mehr als einen Gefallen tun, wenn Sie hin und wieder in den Spiegel sähen und sich selbst anlächelten. Sie würden staunen, was dieser Blick mit Ihnen macht. Ich mache das seit einiger Zeit.

Aussöhnung mit „verlorenen“ Kindern

Vor mir liegt ein Brief, den ich noch nicht beantwortet habe.

Eine sehr alte Dame bittet mich um Vermittlung zwischen ihr und ihrer Tochter, die schon vor Jahren den Kontakt zur Mutter abgebrochen hat. Sie scheint sehr verzweifelt zu sein.

In vielen Gesprächen nach meinen Vorträgen im Bach-Saal des Hamburger „Michel“ gab es kaum eine Frage, die in der großen Runde der Zuhörer häufiger gestellt wurde als die nach Möglichkeiten der Aussöhnung zwischen Vater und Sohn, Mutter und Tochter, Großeltern und Enkeln und so weiter. Meistens war davon die Rede, dass die äußeren Beziehungen schon seit Jahren nicht mehr bestanden. Dabei waren es in aller Regel die Mütter, Väter oder Großeltern, die diese Fragen stellten.

Kaum ein Thema, weiß ich aus meiner Ordination, schmerzt so sehr wie das der „verlorenen Kinder“, also jenen, die mit ihren Eltern oder Großeltern nichts mehr zu tun haben wollen. Nun ist bekannt, dass alle Beziehungsstörungen nur selten einseitig verursacht sind. Deshalb liegt mir daran, in den folgenden Zeilen *nicht* danach zu fragen, wie viel „Schuld“ wohl die daran Beteiligten haben könnten. Es geht mir vielmehr darum, wie es möglich ist, die Schmerzen, die dadurch entstanden sind, zu lindern. Mit anderen Worten: Ich möchte nach innerer Aussöhnung fragen, wenn – und das ist oft der Fall – die leidvollen Beziehungen nicht veränderbar sind oder nicht veränderbar zu sein scheinen.

Bevor ich darauf zu antworten versuche, kommt mir ein Text in den Sinn, der dem Buch *Der Prophet* des großen arabischen Poeten Khalil Gibran entnommen ist. (Das Buch machte ihn weltberühmt.) Die Passage trägt die Überschrift „Von den Kindern“:

„Eure Kinder sind nicht eure Kinder.
Sie sind die Söhne und Töchter der Sehnsucht des Lebens nach sich selber. Sie kommen durch euch, aber nicht von euch.
Und obwohl sie mit euch sind, gehören sie euch doch nicht.
Ihr könnt ihnen eure Liebe geben, aber nicht eure Gedanken,
denn sie haben ihre eigenen Gedanken.
Ihr könnt ihrem Körper ein Heim geben, aber nicht ihrer Seele,
denn ihre Seele wohnt in einem Haus von morgen,
das ihr nicht besuchen könnt, nicht einmal in euren Träumen.
Ihr könnt versuchen, wie sie zu sein, aber sucht nicht, sie euch ähnlich zu machen.
Denn das Leben geht nicht rückwärts und verweilt nicht beim Gestern.
Ihr seid die Bogen, von denen eure Kinder als lebende Pfeile ausgeschickt werden.“[9]

Bitte blättern Sie, liebe Leserinnen und Leser, nicht gleich weiter, wenn Ihnen die Zeilen zunächst fremd sind. Ich selbst habe mehrere Male gebraucht, um der Tiefe der Aussagen Gibrans näherzukommen. Und ich habe zu verstehen begonnen, dass die Neigung, die Kinder als Besitz zu verstehen, recht groß ist.

Doch was könnte ich Ihnen zum Thema innere Aussöhnung sagen?

› Ich gehe davon aus, dass Sie Ihrerseits alles versucht haben, um mit Ihrem „verlorenen" Kind wieder Kontakt zu bekommen. Ich denke an liebevolle, verzweifelte, wütende, bittende Briefe, aber sie blieben ohne Antwort.

› Bitte verzichten Sie einmal längere Zeit darauf, nach der „Schuld" des oder der anderen zu fragen, sondern versuchen Sie, sich selbst gegenüber ganz offen zu sein und sich nach ihren eigenen „Anteilen" zu fragen.

› Wozu das gut sein soll? Wer es unternimmt, sich selbst gegenüber ganz wahrhaftig zu sein, wird ein neues Gefühl in sich entdecken: Erleichterung, auch Freiheit. Denn nichts befreit so sehr wie der Verzicht auf Verdrängung subjektiver Wahrheiten. Darüber hinaus würden Sie bemerken, dass ein einseitiges Schuldverschiebespiel das Gefühl von Unfreiheit verdichtet.

› Ich halte viel von Briefen, die mit der Hand geschrieben werden. Wenn die bestehende Kluft keinerlei Veränderung zeigt, würde ich einen Brief schreiben, in dem ich die lange Geschichte der Beziehung niederschreiben würde, auch mit der Benennung der eigenen Problematik. Ich selbst würde den Brief mit dem Satz beenden: „Könntest du dir vorstellen, dass wir uns ein letztes Mal treffen? Bestimm du, wo, weil jede unabgeschlossene Beziehung möglicherweise lebenslange Schmerzen oder *Verhärtungen* hinterlässt."

› Meine Erfahrung sagt mir, dass die Zukunft neue Möglichkeiten gebiert, mit denen man nicht gerechnet hat, wenn man sich für unerfülltes Leben offenhält.

› Wer das Glück hat, in Gott mehr zu sehen als universale Energie, wird sich an ihn wenden und sein Herz vor ihm ausschütten.

Aussöhnung mit chronischem Leiden

Woran ich bei chronischem Leiden denke? Zum Beispiel an ein körperliches Schicksal, etwa an Menschen, denen ihre Wirbelsäule zerbrach, an eine Gesichtsverletzung, an eine schwere Herz- oder Lungenerkrankung, auch an Menschen mit einem seelischen Schicksal; ich denke zum Beispiel an Menschen mit schweren Zwangsstörungen, die entweder bestimmte Gedanken oder Handlungen wieder und wieder denken oder tun müssen. Es gibt von ihnen weit mehr, als bekannt ist. Ich denke auch an Menschen, die an Bipolarität leiden, deren Freiheit keine Grenzen gesetzt zu sein scheint und die dann wieder zu Tode betrübt sind. Ich denke an jene, die vielleicht einmal frei waren von ihren Störungen und wie alle sogenannten Gesunden lebten, nun aber in ein Dasein geworfen wurden, das sie nie und nimmer gewollt haben.

Ich sollte auch die alten Menschen nicht unerwähnt lassen, die durch den Zweiten Weltkrieg zutiefst geschädigt wurden: durch den Verlust geliebter Menschen, durch das Abgeschnittensein von beruflichen Möglichkeiten, durch Traumatisierungen, die nicht bearbeitet wurden, weil eine solche Möglichkeit vielen früher gar nicht bekannt war, sodass sie im hohen Alter unzufrieden und mürrisch ihr Dasein fristen, nicht wirklich leben können und nicht wirklich da sein wollen.

Ach, wie lang wäre die Liste der chronischen Leiden, wenn wir miteinander über weitere Beispiele nachdenken würden! Sie werden mich möglicherweise fragen, ob ich mich mit der Ankündigung dieses Themenkreises nicht übernommen habe. Vielleicht haben Sie recht, aber mein eigenes Leben hat mich gelehrt, was es bedeutet, Randsiedler einer großen Gemeinschaft zu sein. Deshalb gilt diesen Menschen meine besondere Aufmerksamkeit.

Aussöhnung mit chronischem Leiden? Wie soll das gehen? Erlauben Sie mir, in aller Behutsamkeit wieder einige Punkte zu nennen. Dabei gehe ich von meiner Arbeit in der Ordination aus. Handelt es sich um einen Menschen mit einem erst kürzlich widerfahrenen schweren Leiden, würde ich ihm möglicherweise gegen Ende unserer ersten Begegnung sagen:

„Ich habe nichts, was Sie jetzt aus Ihrer Verzweiflung herausreißen könnte. Ich bin nur bei Ihnen, höre Ihnen zu und glaube, dass es gut ist, hier mit Ihnen zu sein. Ich will jetzt nicht woanders sein. Sie fragen, was Ihrem Leben jemals wieder Grund und Sinn geben könnte. Und ich, der ich mit Ihnen spreche, frage mich, was denn meinem eigenen Leben Sinn und Grund gibt. Das jedoch, was für mich gilt, kann für Sie, besonders in dieser Zeit, keine Antwort sein. Ich glaube aber, dass wir nach Antworten für Sie suchen könnten, wir miteinander.

Mir fällt ein Bild ein: Wenn ich in ein Tal fahre und die das Tal umgebenden Berge sehe, dann staune ich und sage: ‚So hoch also sind die Berge, die ich von Weitem gesehen habe.' Steigen wir dann 800 Meter höher, staune ich wieder – denn ich sehe, dass über den vom Tal aus betrachteten Bergen weit höhere aufragen. Das hätte ich nicht erwartet. Steige ich um weitere 500 Meter höher, entdecke ich, dass sich hinter jenen höheren Bergen noch ein weit mächtigeres Gebirgsmassiv ausbreitet. Vielleicht aber habe ich noch nicht einmal den Gipfel erreicht, von dem aus ich noch weiter sehen könnte.

Heute stehen Sie im Tal. Und der Weg bergauf ist sehr, sehr mühsam. Sie werden oft umkehren wollen und sich fragen: Wozu diese Quälerei? Schaff ich das? Wie hoch werde ich denn kommen? Lohnt sich diese Anstrengung überhaupt? Dann sollten

Leid muss nicht das Ende eines gelingenden und freudvollen Lebens bedeuten.

wir anhalten, wenn Sie so fragen, und Sie sollten sagen, was so schwer für Sie ist. Ich würde mich bemühen, Sie nicht billig zu trösten. Irgendwann wieder weitergehen – darauf käme es an, und ich würde mit Ihnen gehen, ganz gewiss."

Der eine oder andere folgende Gedankenanstoß könnte vielleicht auch weiterhelfen:

› Wer ein unveränderbares Schicksal hat, muss tiefer graben als die vorhandene Not.

› Es ist wichtig, sich zu vergegenwärtigen: Die Abwehr der Möglichkeit, sich aufs Leben neu einzustellen, ist zugleich die Abwehr neuer Lebenserfahrungen.

› Weil Sprache eine gewisse Distanz zu bedrückenden Gedanken und Gefühlen schafft, ist das *Aus-Sprechen* von Verzweiflung und Ausweglosigkeit, Schmerz und Trauer, Angst, Wut, Empörung, Anklage und Selbstanklage, Schuld und Scham, ist das Aussprechen von Wenn- und Aber-Sätzen ein erster wichtiger Schritt. Und: Menschen brauchen Zeugen – für ihr Glück und für ihre Not. Einer davon bin ich – und das gern.

› Du hast Recht auf Trauer, auf Klage, auch auf Empörung, wenn dich ein Schicksal, das du nicht wolltest, getroffen hat. Wenn du nicht trauertest, nicht klagtest, dich nicht empörtest, dann hättest du dein Leben nie geliebt.

- Wenn du schon dein Schicksal nicht ändern kannst, so kannst du doch möglicherweise deine Einstellung zu ihm ändern. Denn *im Grunde* gibt es keine Aussichtslosigkeit, weil die Seele tiefer ist als das Meer und von Trost weiß, der dem Verstand verschlossen ist. Der Eindruck, dass ein Leiden absurd und aussichtslos ist, resultiert letztlich aus dem Mangel an Einsicht in die Tiefe und Polyphonie der Seele.

- Du sagst, dass dir „alles" genommen wurde. Wurde dir die Hauptsache genommen?

- Du brauchst, sagst du, bestimmte Bedingungen, um leben zu wollen. Weißt du, welche Bedingungen du bestimmt brauchst?

- Liebst du dein Leben? Liebst du es nur, wenn du bekommst oder behältst, was du dir vorgestellt hast?

- Jeder Mensch ist immer *mehr* als sein Leiden.

- Das habe ich von Viktor Frankl gelernt: Der Körper kann erkranken, die Seele auch, der Geist *nicht*. Du könntest erfahren, dass Geist, das Menschlichste im Menschen, freimachen und immer neue Lebens-Räume öffnen kann.

- Der, dessen Leben radikal verändert wurde, hat die Chance, fortan jenseits aller ungeliebten Konventionen das zu tun, was ihm wesentlich und wichtig erscheint.

Die Seele weiß
von Trost,
der dem Verstand
verschlossen ist.

› Du kannst dich fragen, ob du dir das Leben nehmen solltest. Aber frag dich auch, ob du es behalten möchtest.

› Kann es Sinn haben, dass du noch lebst? Bitte antworte nicht gleich.

› Weißt du, was du unbedingt zum Leben brauchst?

› Wichtig ist, eine Brücke zu neuem, bisher unbewusstem Seelenland zu bauen, zum Beispiel durch Bewusstmachung von Träumen oder durch Wertimaginationen.

Leid muss also nicht das Ende eines gelingenden und freudvollen Lebens bedeuten. Lassen Sie mich diesen Gedanken durch ein Beispiel vertiefen.

Uli, ein hübscher und intelligenter Junge, kam in die Ordination, als er 14 Jahre alt war. Zwei Wochen zuvor hatte er sich das Leben nehmen wollen. Er war beim Snowboarden verunglückt. Sein Sprachzentrum war massiv gestört, seine Bewegungsabläufe auch. Darüber hinaus war er verständlicherweise sehr niedergeschlagen. Wir verständigten uns digital. Eine Reihe von Wertimaginationen verbesserte seinen Zustand erheblich. Leider konnten wir unsere Arbeit nicht vollenden, weil seine Familie nach Südamerika umsiedeln musste. Inzwischen sind mehrere Jahre vergangen, er hat studiert und es geht ihm gut.

In unserer letzten Wertimagination machte Uli folgende Erfahrung:

Also, es war am Meer, an dem eine Straße entlangführte, auf der wir – mein Innerer Lebenskünstler und ich – mit dem Rad fuhren. Plötzlich brach die Straße abrupt ab. Fünf Meter unter uns brandete das Meer. Dann passierte etwas Tolles: Da wurde – von wem auch immer – eine Schanze ins Meer gebaut, sodass wir sie hinabfahren und dann mit großem Vergnügen ins Wasser springen konnten.

Uli wusste, was der Straßenabbruch bedeutete. Als mir zu „Schanze" Chance einfiel – Chance für sein Leben – und ich ihm meinen Einfall sagte, war er, so schien es mir, sehr glücklich.[10]

„Das Leben stellt jedem eine andere, einmalige Aufgabe", sagt Hermann Hesse, „und so gibt es auch nicht eine angeborene oder vorbestimmte Untauglichkeit zum Leben, sondern es kann der Schwächste und Ärmste an seiner Stelle ein würdiges und echtes Leben führen, einfach dadurch, dass er seinen nicht selbst gewählten *Platz im Leben* und seine besondere Aufgabe *annimmt und verwirklicht*."[11]

Eine gelähmte Psychologin konnte irgendwann nicht mehr ihr Bett verlassen. Selbst den geliebten Baum vor ihrem Fenster sah sie nicht mehr. Doch als ein Reporter sie fragte, ob sie deshalb nicht unglücklich sei, antwortete sie: „Wenn ich nicht mehr in die Weite sehen kann, so kann ich doch nach wie vor – und das wird mir bleiben – in die *eigene Tiefe* sehen."

Wir haben keine andere Zeit. Wir können sie beklagen, bejammern, resignieren. Es bleibt doch unsere Zeit!

Aussöhnung mit der Zeit, in der wir leben

Es gibt nicht wenige Menschen, die lieber in der Zeit leben möchten, in der sie jung waren, und nicht wenige, die von einer Zukunft träumen, die ihnen hoffentlich geben wird, was es hier und jetzt noch nicht gibt.

Sicher, die heutige Zeit ist alles andere als erbaulich. Von Osten droht die Gefahr eines dritten Weltkrieges. In unseren Ländern geht viel Sorge um: vor neuen Coronavarianten, vor wirtschaftlicher Not, vor den hohen Energiekosten, vor dem Zerfall der Gesellschaften in unterschiedliche Lebensformen. Vor allem gibt es eine große ungestillte Sehnsucht nach Sinn und Glück. Die Rebellion vieler junger Menschen wegen des Klimas ist unbequem (doch wichtig). Es geht insgesamt viel Angst um unter den Menschen unserer Zeit. Darauf weisen nicht nur die Demoskopen hin, das fühlt auch jeder, dessen Herz sich noch nicht vor seinen Mitmenschen verschlossen hat.

Ich selbst diszipliniere mich in meinen Phantasien darüber, was in der kommenden Zeit alles noch passieren könnte, und schaue mir bewusst die Fernsehbilder aus der Ukraine an, Bilder aus Kellern, Bilder aus zerbombten Wohnungen, Bilder alter und weinender Menschen, sehe die Toten, die wie überfahrene Tiere am Straßenrand liegen. Schrecklich finde ich, was ich da sehe, nicht fassbar! Doch *heute, heute* trifft mich diese Not nicht, und dafür kann ich danken.

Und: Wir haben keine andere Zeit. Wir können sie beklagen, bejammern, resignieren. Wir können über sie wüten, können versuchen, uns so weit wie möglich aus ihr zurückzuziehen, oder unsere Not durch Drogen betäuben oder in Alkohol ertränken.

Es bleibt doch unsere Zeit! Ich habe irgendwann einmal ein persönliches Credo geschrieben. Ob Sie mir zustimmen können? Das Credo lautet:

Die Welt, in der wir leben, ist unsere Welt.
Die Zeit, in der wir leben, ist unsere Zeit.

Das Leben, das wir in dieser Welt und dieser Zeit leben,
ist unser Leben.
Diese unsere Welt in dieser unserer Zeit ist beides: unsere Gefährdung und unsere Möglichkeit, zugleich unsere Aufgabe.
Diese Aufgabe können wir annehmen, wir können sie ablehnen.
Doch wenn wir sie ablehnen, verlieren wir alles, was wir haben.

Ja, ich weiß: Der Text klingt schön. Aber was hat er mit der Realität zu tun? Viel, ganz viel, wenn wir in der gegenwärtigen Realität nicht in Angst und Depression untergehen wollen. Wenn wir beginnen, nach einer *Wirklichkeit* zu suchen, die in den Tiefen unserer Seele darauf wartet, endlich zum Vorschein kommen zu können. Es ist schon merkwürdig: Es gibt einen Satz, den Imaginanden unterschiedlicher Herkunft in unterschiedlichen Situationen während ihrer Wertimagination immer wieder zu hören bekommen:

> **„Endlich bist du da, wir haben schon lange auf dich gewartet."**

Diese Zeit ist unsere Zeit, eine andere haben wir nicht. Es ist leicht, den Kopf angesichts der Schrecknisse der Zeit hängen zu lassen oder in den Sand zu stecken. Es ist dagegen nicht einmal heroisch zu nennen, den Kopf zu heben und aufrechten Ganges – so sagte es der größte Philosoph des letzten Jahrtausends, Im-

„Das Leben stellt jedem eine andere, einmalige Aufgabe.“

HERMANN HESSE

manuel Kant – durch diese Zeit zu gehen. Wir *haben* die Wahl – wir haben die Wahl. Bemühen wir uns alle miteinander, nicht ständig „Ja, aber“ zu sagen.

Und doch: Es gibt Menschen in dieser Zeit, denen ich diese Sätze nicht zumuten würde, weil ihre Leiden das Maß des Erträglichen überschritten haben. Dann jedoch sind wir anderen gefragt, ob wir im *Rahmen des uns Möglichen* diesen Zeitgenossen zur Seite stehen wollen. Dann ginge es darum, nicht wegzusehen von ihrem Elend und nicht wegzusehen, wenn ihr Blick den unseren sucht. Das wäre übrigens ein gar nicht so kleines Beispiel für gelebte Güte.

Diese Zeit ist unsere Zeit, eine andere haben wir nicht.

Aussöhnung mit der Tatsache, dass Gerechtigkeit in dieser Welt zu den sozialen Raritäten gehört

Selbstverständlich ließe sich zu diesem Thema ein dickes Buch schreiben. Um Beispiele wären wir nicht verlegen. Also halte ich diesen Abschnitt kurz.

Gibt es Aussöhnung mit der Tatsache, dass Gerechtigkeit in unseren Gesellschaften eine Seltenheit ist? Vielleicht. Ein wenig. Doch jede Ungerechtigkeit ist ein Schlag ins Gesicht desjenigen, dem Ungerechtigkeit widerfährt. Es kann kaum „trösten", dass es Ungerechtigkeit gibt, seitdem es Menschen gibt. Und schon gar nicht ist es eine Hilfe, wenn jemand den Satz trompetet: „Man muss eben Realist sein!" Muss man das? Darf man das? Soll man das?

Ich bin so vielen Menschen begegnet, die an den Ungerechtigkeiten, die sie in ihrem Leben erfahren haben, zugrunde zu gehen drohten. Ja, und was sagt man ihnen?

› Ganz wichtig ist, wenn mir jemand, nachdem er sich wegen konkret empfundener Ungerechtigkeit beklagt oder ausgewütet hat, seine Lebensgeschichte erzählt und ihm *selbst* aufgeht, dass manches aus der bisherigen Zeit keineswegs nur ungerecht war, im Gegenteil.

› Dann mute ich meinem Besucher zu, sich daran zu erinnern, ob nicht auch ihm selbst die eine oder andere Ungerechtigkeit unterlaufen sei.

› Und schließlich stelle ich ihm eine Frage, die ganz nah an die ungelebten realen Möglichkeiten heranführt: „*Was wäre, wenn Sie selbst zu den Menschen gehörten, die sich so weit wie möglich um mehr Gerechtigkeit bemühten?*“

Dann könnten zum Beispiel diese oder ähnliche Antworten kommen:

Ich würde mein Unvermögen weniger auf andere schieben.
Ich wäre weniger aggressiv.
Ich wäre weniger enttäuscht.
Ich wäre auch weniger traurig.
Ich hätte mehr Selbstachtung.
Ich hätte mehr Selbstbewusstsein.
Ich würde mich integer fühlen.
Ich wäre ein anderer Mensch.
Ich würde die Welt mit anderen Augen sehen.

Mich befriedigen meine eigenen Antworten noch nicht ganz, denn mir kommen Menschen in den Sinn, deren *Gene* sie noch immer zu Außenseitern machen. Zwar nicht mehr auf so brutale Weise wie in früheren Zeiten, doch wird es noch lange dauern, ehe wir „Heterosexuellen" begriffen haben, worauf es in Wahrheit in der Betrachtung eines Menschen ankommt, der körperlich und seelisch anders empfindet als wir: auf seine *Menschlichkeit*.

Ich habe mit solchen Menschen in der Ordination nicht selten zu tun. Während ich diesen Satz schreibe, kommt mir jener Mann in den Sinn, auf den ich mich immer freute, wenn er kam. Offensichtlich war die Freude nicht einseitig. Ich sehe ihn gerade vor mir, den nicht mehr ganz jungen Herrn, der aus *meiner* Sicht so viel mir Fremdes, Ungewöhnliches, auch Grenzwertiges erlebt hatte. Er wich meinem Blick nie aus, er war „grottenehrlich" in dem, was er sagte. Hätte ich das Bedürfnis gehabt, einem Menschen von meinen Dunkelheiten zu erzählen und wären wir nicht in einer therapeutischen Beziehung gewesen, ich hätte mich ihm gern geöffnet.

Wenn es zum
Sterben geht,
möchte ich sagen
können:
Ich habe dieses
Leben geliebt –
trotz allem, was
nicht hell, sondern
dunkel war.

Aussöhnung mit der Tatsache, dass wir sterben müssen

Vor vielen Jahren habe ich den folgenden Text geschrieben, und heute geht mir auf, wie nahe ich selbst dem Ende meines Lebens gekommen bin:

„Es ist nicht gut, nie an den Tod zu denken, denn er ist nun einmal – ob wir es wahrhaben wollen oder nicht – das große Tor am Ende unseres Weges, für dich und auch für mich. Wer nie an den Tod denkt, lässt seine verborgene Angst vor ihm nicht zu. Er verdrängt sie. Doch jede Verdrängung kostet Kraft, viel Kraft.

Wer den Gedanken an den Tod verdrängt, lässt zu, dass er schon heute sein Leben so beeinflusst, wie er es gerade nicht will: Er gerät in Spannungen, wenn er das, was ihn bedroht, nicht ansieht. Er wird gelassener, wenn er vor ihm nicht ausweicht.

Wir haben Angst vor dem, was wir nicht kennen. Wir werden freier, wenn wir es uns vertraut machen. Wer *hin und wieder* an den Tod denkt, beachtet und achtet mehr die Tage, die ihm das Leben schenkt. Denn er weiß, dass seine Zeit begrenzt ist. Und wer mit ihr achtsam umgeht und *in* ihr lebt, wird ganz bestimmt nicht zu oft an den Tod denken, weil ihn das *Leben* ausfüllt.

Wenn einmal das Boot anlegen wird, um mich herüberzuholen ans andere Ufer des Flusses, dann werde ich wissen, dass die Zeit an meinem Ufer endgültig vorbei ist. Dann wird mir vielleicht bewusst werden, dass mein Leben eine Wanderung war, mit einem Beginn und einem Ende. Dann werde ich – vielleicht – endlich begreifen, dass ich mir zu wenig Zeit nahm, meine Tage zu füllen mit Freiheit, mit Freude, mit Wärme, mit Sinn.

Wenn einmal das Boot anlegen wird, um mich herauszufahren aus der Zeit, dann werde ich – wahrscheinlich wehmütiger als je zuvor – dieses jetzt so oft verachtete Leben lieben.

Wenn es zum Sterben geht, möchte ich selbst sagen können:
Ich habe die Sterne gesucht und den Menschen nebenan.
Ich habe das Glück gesucht und das Unglück nicht verachtet.
Ich habe die Gerechtigkeit gesucht und bin unter der Ungerechtigkeit nicht bitter geworden.
Ich habe die Liebe gesucht und bin ihr auch begegnet.
Ich habe die Weisheit gesucht und habe ihren Saum gesehen.
Ich habe Gott gesucht, und er hat mich gefunden.
Wenn es zum Sterben geht, möchte ich sagen können: Ich habe dieses Leben geliebt – trotz allem, was nicht hell, sondern dunkel war."

Kann Selbstverwirklichung Aussöhnung mit sich selbst und dem Leben leisten?

Vielleicht werden Sie, liebe Leserinnen und Leser, sagen: Ist denn nicht *Selbstverwirklichung* ein wesentlicher Baustein für ein ausgesöhntes Leben? Es scheint so zu sein. Denke ich an Gespräche in meiner Ordination, an psychologische Bücher oder an Medien unterschiedlicher Provenienz, dann gibt es kaum einen psychologischen Begriff, der häufiger als Wunsch und Ziel der Arbeit an sich selbst genannt wird als dieser.

Was bedeutet Selbstverwirklichung? Meiner Auffassung nach zweierlei: das *Erkennen* der eigenen körperlich-seelisch-geistigen Potenziale ebenso wie das Wahr-Nehmen des eigenen Ungenügens, also der „hellen *und* der dunklen Pfade der Seele". Darüber hinaus geht es nicht nur um Erkenntnis, sondern auch um die *Verwirklichung* dessen, was jeder als unverwechselbare Persönlichkeit ist. Mit anderen Worten: Es geht um das *Erkennen und Verwirklichen* der eigenen potenziellen Identität, um den *eigenen Weg* durchs Leben.

Wer sich selbst zu verwirklichen beginnt, sagt: „Nur dann, wenn ich weiß, wer *ich* bin und was *mir persönlich* entspricht, geht es mir gut, bin ich stark, erfüllt sich mein Dasein, ist mein Leben sinnvoll."

Ob das zutrifft? Ist Selbstverwirklichung die Antwort auf die Frage aller Fragen? Erlauben Sie mir, Zweifel anzumelden:

Will ich wissen, wer ich in *Wirklichkeit* bin und was mir *persönlich* entspricht, bedarf es so weit wie möglich einer Aufarbei-

Aussöhnung und Güte aber sind die unmittelbaren Auswirkungen der Liebe.

tung der bisherigen Verletzungen. Es gibt jedoch meiner Erfahrung nach – darf ich mich wiederholen? – keine vollständige Aufarbeitung der Schmerzen der Vergangenheit; möglich ist nur deren Reduzierung. Wer das Gegenteil behauptet, hat noch nicht viel begriffen von der Polyphonie der Seele, von ihrer Vielfalt und Unterschiedlichkeit an Empfindungen und Gefühlen.

Es gibt keine durchgängige, sondern nur eine *punktuelle* Erfahrung der eigenen Identität: zum Beispiel in der Liebe, beim Hören wunderbarer Musik, angesichts eines beeindruckenden Naturschauspiels oder eines großartigen Einfalls. Außerdem: Wäre es anders, würde dann nicht das Leben einem Fluss gleichen, der zu einem langweiligen Kanal verkommen ist?

Der Mensch ist beides: Individuum und *soziales* Wesen. Wenn also die Selbstverwirklichung das Nonplusultra der Persönlichkeitsbildung wäre, könnte es sein, dass der andere Bereich des Menschen, seine Sozialität, zu kurz käme. Doch haben alle großen Weisheitslehrer der Hochreligionen stets darauf aufmerksam gemacht, dass es nichts Wichtigeres gibt als die Befreiung von einseitiger Ichbezogenheit.

Eine Überbetonung der *Selbst*-Verwirklichung kann zu mangelnder Bereitschaft führen, über sich selbst hinauszusehen in Welten, deren Bedeutung nur ein ehrfürchtiger Geist zu erahnen vermag. Es hat sich jedoch gezeigt, dass gerade Selbst-Transzendenz eine wesentliche Bedingung der Möglichkeit ist, um Frieden mit sich selbst zu finden.

Denn der Mensch ist nicht nur Mensch, wenn er in sich selbst ruht, sondern auch und vor allem dann, wenn er sich in einen kosmischen Zusammenhang eingebettet fühlt.

Wer sich einmal Zeit nimmt, in den abendlichen Sternenhimmel zu schauen und sich mitnehmen lässt in die Tiefen der Welten-räume, wer am Meer steht und den uralten Rhythmus der Wellen auf sich wirken lässt, wird vielleicht ahnen, wie reich das Leben unter der Oberfläche ist. Dann wird er nicht anders können und wollen, als zu schauen, zu hören und die Frage zu stellen, wie er „das alles" verstehen kann. Er wird nicht mehr nur sich selbst im Mittelpunkt seines Denkens und Fühlens sehen, wird nicht mehr nur beschäftigt sein mit dem, was er noch nicht ist, noch nicht hat, noch nicht kann, sondern er wird entlastet sein von dem ewigen Ringen um die Bedeutung der eigenen Person.

Sein primäres Interesse verschiebt sich von der horizontalen Dimension bloßen Erlebens in die „Dimension der Tiefe" (Paul Tillich), in der der Hunger nach Leben umfassender gestillt wird als bisher, in der die Angst weniger Raum findet und eine heilsame Sehnsucht nach dem aufbricht, was unser Leben in Wahrheit trägt.

Heißt das, dass Selbstverwirklichung kein zentrales menschliches Thema sei? Doch! Das zeigen ja die Menschen, die sich um Selbst- und Sinnerfahrung erfolgreich bemüht haben, denen es gut geht und die sich am Leben erfreuen können.

Worauf will ich hinaus?

Auf etwas, wovon die meisten Zeitgenossen, so scheint es mir, nichts wirklich wissen wollen. Sie reden viel über Werte, sie schreiben viel über Werte, aber einen Wert zu realisieren scheint für sie etwas Unerreichbares zu sein. Und deshalb verbannen sie ihn in den Bereich von Partnerschaft, Eltern-Kind-Beziehung, ins Private. Dass aber der Wert, an den ich denke, weit darüber hinaus bedeutsam sein könnte, ist kaum Thema derer, die sich mit der Frage befassen, was dem menschlichen Leben Freude, Würze, Lust und vor allem Sinn geben könnte. Ich spreche von der *Liebe,* dem einzigen normativen Wert, dem wichtigsten aller Werte – von dem Wert, der das Leben reicher macht als alles andere.

Aussöhnung und Güte aber sind die *unmittelbaren Auswirkungen* der Liebe.

Ist Spiritualität der Weg zur Aussöhnung mit sich selbst und dem Leben?

Was ist Spiritualität? Aus meiner Sicht ist dies aus verständlichen Gründen ein viel zitierter Begriff unserer Zeit – verständlich deshalb, weil viele ahnen, dass sie keinen oder kaum Boden unter den Füßen haben. Jedoch führt die Beliebigkeit seiner Verwendung eher zu Irritationen als zu konkreter Lebenshilfe.

Spiritualität suchen heute viele, von Spiritualität ist auch in vielen Lebensbereichen die Rede. Vor allem die Esoterik (die Geheimlehren mit zum Beispiel astrologischen, okkultistischen und religiösen Elementen) hat dieses Wort für sich in Anspruch genommen. Auch zahlreiche Gurus führen in Wege der Meditation ein, sprechen vom spirituellen Weg.

Es gibt viele Versuche, das Wort Spiritualität erklären zu wollen. Letztlich bleibt in diesem Begriff etwas, das sich mit Worten allein nicht ausdrücken lässt. Der Grund dafür liegt meines Erachtens im lateinischen Grundwort *spiritus,* das Lufthauch, Atem, Leben, Seele, Geist, Sinn, Begeisterung, Schwung, Selbstgefühl, Mut bedeuten kann.

Ehe ich es wage, Ihnen, verehrte Leserinnen und Leser, eine abstrakte Definition von Spiritualität anzubieten, möchte ich Sie mit einer kleinen, uralten chinesischen spirituellen Episode erfreuen:

Ich bat den Maulbeerbaum:
Erzähle mir von Gott.
Da fing er an zu blühen.

Manchmal kommen in einem Menschen die Verletzungen der alten Zeit erst dann zur Ruhe, wenn er die fühlbare Erfahrung macht, dass Gott in ihm größer ist als sein verletztes Herz.

Eine allgemeine Definition könnte lauten: Spiritualität bezeichnet das Bewusstsein, dass der menschliche Geist seinen Ursprung einer göttlichen Wirklichkeit verdankt und in einer höheren Wirklichkeit gründet. So gesehen, führt sie zu einem vom Geist erfüllten Leben, das in eine konkrete Lebenspraxis einmündet. „Geist gehorcht keinem Zeitbegriff", hat Jörg Zink einmal gesagt, „ist an keinen Raum gebunden, ihm ist so etwas wie Kausalität, Abhängigkeit also von etwas, was vor dem gegenwärtigen Augenblick seines Wirkens war, fremd."

Spiritualität, möchte ich ergänzen, ist das Bewusstsein,

› dass Gedanken keinen Anfang und kein Ende haben,

› dass das Unbewusste keine Grenze hat,

› dass alles Leben viel weiter und tiefer ist, als sich die Schulweisheit einbildet,

› dass das Leben letztlich nicht verstehbar ist,

› dass kausales Denken die Wirklichkeit nur bedingt erfasst,

› dass auch ganzheitliches Denken die Wirklichkeit nicht erfassen kann,

› dass Ehrfurcht vor dem Leben und Offenheit und Staunen und Vertrauen die einzig angemessenen Ausdrucksformen dem Leben gegenüber sind.

Ist Spiritualität der Weg zur Aussöhnung eines Menschen mit sich selbst und dem Leben? Die Antwort hängt meines Erachtens davon ab, „wes Geistes Kind" er ist: ob er sich selbst als Autor seiner Spiritualität versteht oder ob sich sein Geist auf eine göttliche Wirklichkeit beruft, deren Mitte die Liebe ist.

Ein eindrucksvolles spirituelles Beispiel einer Wertimagination schenkte mir ein älterer Herr, der sich nach nichts mehr sehnte als danach, von Gott angenommen zu sein. Auf seinem inneren Weg wurde er von seiner Tiefenperson, der Personifizierung des „unbewussten Geistes", zum „Ort der Geborgenheit" geführt. Nach dieser inneren Wanderung äußerte er tiefes Erstaunen über die Dichte seines Gefühls und über seinen inneren Reichtum. Darüber hinaus wurde ihm das Zusammenspiel von erworbener Bildung, entwickelter Sensibilität und seinen ursprünglichen Bildern bewusst.

In der Tiefe angekommen, ahnte ich, dass meine Reise mich durch die Jahrhunderte führen würde. Ich sah Abschnitte von jeweils 100 Jahren vor mir:

Im 20. Jahrhundert sah ich, wie der Zweite Weltkrieg tobte. Grausame Schlachten wurden geschlagen. Ich sah das Bild von Paul Weber, auf dem Millionen von Menschen hinter den Fahnen in einen bereitliegenden Sarg marschieren.

Ich kam ins 19. Jahrhundert. Auch da Krieg.

Im 18. Jahrhundert: versteckte Konflikte.

Im 17. Jahrhundert sah ich den Dreißigjährigen Krieg. Ganz Deutschland zerstört. Marodierende Banden, schreiende Frauen und Kinder. Entsetzliche Metzeleien. Ich schloss die (inneren) Augen vor so viel Grauen.

Im 16. Jahrhundert: Krieg auch zu Luthers Zeiten.

Im 14. Jahrhundert sah ich Millionen von Frauen, die als Hexen verbrannt wurden. Ich sah sie auf den Scheiterhaufen und hörte ihre Schreie.

Im 10. Jahrhundert freute ich mich auf Friedrich II. Er sprach mit Juden und Arabern in Palermo Arabisch. Die Wissenschaften blühten. Im Hintergrund aber vernahm ich das Scharren von Pferden, auf denen gut gerüstete Reiter saßen. Konflikte auch hier.

Im 4. Jahrhundert: Das Christentum wurde Staatsreligion, aber auch das brachte keinen Frieden.

Im 1. Jahrhundert sah ich Jesus auf dem Berg der Seligpreisungen. Ich wollte mich ihm anschließen. Da sah ich die Römer auftauchen. Auch hier konnte ich nicht bleiben.

Mein Weg ging weiter in die Tiefe. Ich sah Plato und Sokrates, doch Frieden fand ich auch bei ihnen nicht. Irgendwann hörte ich auf, die Jahrhunderte zu zählen.

Mutterseelenallein stand ich in einer archaischen Welt. Ich sah nur Berge und Wasser, keinen Menschen, auch kein Tier. Ich trat in den Abdruck eines Sauriers, erblickte aber auch ihn nicht. Kein Laut eines lebenden Wesens war vernehmbar. Urlandschaft (der Seele).

Plötzlich wurde ich in den Weltenraum gezogen. Eine Macht zog mich. Sie zog mich zu einem fremden Planeten. Weiter führte mich der Weg durch Eiswüsten und Eisstürme.

Schließlich gelangte ich in eine beleuchtete Höhle, in der ein Künstler am Werk war. Aus Eis, Sand und Nebel formte er ein Gebilde.

Plötzlich befand ich mich – wie durch einen Zauber – in seiner Hand. Ich sah nur seine Hand (die Hand Gottes), die übrige Gestalt sah ich nicht. Ich spürte nur etwas Großes und Mächtiges. Er war beglückt darüber, dass ich endlich angekommen war.

Der Künstler formte und gestaltete weiter. Immer mehr Landschaften begannen zu grünen. Dann nahm er aus der Erde einen Kloß, holte sein Herz hervor und presste einen Tropfen seines Herzblutes in den Kloß hinein. Ein Mensch entstand. Ich war tief berührt. Dabei kam mir der Gedanke: Wenn ein Mensch stirbt, kommt dieser Tropfen zu seinem Schöpfer zurück und findet wieder Platz in seinem Herzen.

Ich schaute von oben auf die Erde hinab. Kain und Abel stritten sich. Auch viele andere schlugen aufeinander ein. Wieder hörte ich das Geschrei von verletzten und sterbenden Menschen. Da bemerkte ich, dass das, was geschah, den Künstler schmerzte. Ich hörte ihn sagen: „Ich habe den Menschen alle Möglichkeiten zu einem besseren Leben gegeben, aber sie wollten nicht. Ich habe ihnen Freiheit gegeben, darum greife ich nicht ein. Die Welt ist so, wie sie ist, weil die Menschen nicht das Gute suchen." Dann konnte ich erleben, wie der Künstler mich (noch einmal) schuf. Noch einmal nahm er einen Kloß, formte mich und drückte auch mir das Blut seines Herzens ein. Danach küsste er mich und drückte mich so fest an sich, dass ich auch nach der Imagination noch seinen Abdruck spürte.

Ich verließ das Paradies. Ich wurde nicht vertrieben, sondern in die Welt geführt. Der Engel mit dem Flammenschwert (der traditionell den Menschen den Zugang zum Paradies verwehrt) ging hinter mir her und beschützte mich auf meinen Wegen.

Ich frage noch einmal für viele andere: Was bringt eine solche, meines Erachtens in der Tat großartige innere Wanderung?

Wichtig ist, die Freude über ein solches inneres Erlebnis zuzulassen.

Zur *Erfahrung* wird eine tiefe Wertimagination erst für den, der sie nicht nur notiert und dann „ablegt", sondern der Seele die Möglichkeit gibt, sie mindestens zweimal in der Woche in der Stille nachzuerleben. Zu dieser Erfahrung gehören nicht nur die Bilder, die sich durch das vorgegebene Thema entwickelt haben, sondern auch und im Besonderen das Vertrautwerden und *Vertrautbleiben* mit der begleitenden Wertgestalt.

Und noch einmal:
Lassen Sie immer mehr den Gedanken zu,
dass zu unserem ganzen Menschsein beide Dimensionen gehören: die bewusste und die unbewusste Welt.

Ist Aussöhnung ein Grund, mit der Weiterbildung der eigenen Persönlichkeit aufzuhören?

Könnte man nicht auf die Idee kommen, dass der ausgesöhnte Mensch keinen Anlass und keine Neigung mehr hat, an der Entwicklung seiner Persönlichkeit weiterzuarbeiten?

Auf die Idee schon, aber es ist gerade der ausgesöhnte Mensch, für den es eine Selbstverständlichkeit ist, an sich das zu verändern – was immer es sei –, wovon er meint, er könne auch anders denken, fühlen und handeln. Er wird seine neue Freiheit genießen, nicht mehr unter Druck an sich zu arbeiten, sondern – bitte erlauben Sie mir dieses in unserem Zusammenhang ungewöhnliche Wort – aus Freude.

Wenn ein Mensch erkennt, empfindet und fühlt, dass er sein darf, wie er ist, und dass er damit aufhören kann, permanent das Leben, so wie es ist, infrage zu stellen, weil er ausgesöhnt ist; wenn er darüber hinaus begriffen hat, dass es keine vollkommene Aussöhnung gibt, kann so etwas wie Lust oder Freude entstehen, im Laufe der Zeit das eine oder andere verändern zu wollen und zu verwirklichen. Die Grundlage für eine solche Wahrnehmung neuer Möglichkeiten ist das Ausgesöhntsein.

Ja, und das macht, zugegeben, wieder Arbeit, so wie sich der Weg zur Aussöhnung nicht von selbst bildet. Dass Leben, gelingendes Leben, sich nicht von selbst einstellt, habe ich schon als 15-Jähriger nicht nur gedacht, sondern in einem lichten Moment auch empfunden. Ich habe die Ein-Sicht von damals bis heute bewahrt.

Vielleicht fragen Sie, liebe Leserinnen und Leser, ob dieser Wermutstropfen – dass der Reifungsprozess bis zum Tod Arbeit erfordert – gegen Ende dieses Buches sein muss?

Ach, wie langweilig würde unser Leben sein, wenn die mit ihm verbundenen Herausforderungen irgendwann aufhörten!

Und: Macht dieses Verständnis von Ausgesöhntsein nicht auch Hoffnung darauf, dass das weitere Leben lebenswert bleibt?

Aussöhnung mit dem, der unser Leben und die Welt in seinen Händen hält

Es gibt ein Urbild für *Aussöhnung*. Es ist zugleich ein Urbild für Güte. Dieses Urbild können Sie in der Eremitage in Sankt Petersburg anschauen. Als zu kommunistischer Zeit Arbeiter das sehr große Bild aufhängten, waren sie so überwältigt, dass sie sich in die Knie gezwungen fühlten angesichts des unendlich gütigen Gesichts des Vaters und seiner männlichen und weiblichen Hände, die den „verlorenen" Sohn umarmten. Dieses Bild malte in den letzten Jahren seines Lebens der große Rembrandt. Seine Grundlage war und ist die Gleichniserzählung des Jesus von Nazareth. Darf ich dessen Inhalt kurz in Erinnerung rufen?

Ein Sohn will sich sein Erbe auszahlen lassen, um in die Fremde zu gehen. Der Vater willigt ein. In der Fremde verprasst der Sohn das Geld. Als er nicht mehr weiterweiß, verdingt er sich bei einem Schweinezüchter. Doch niemand gibt ihm zu essen. Da geht er in sich. Er weiß, wie gut es den Landarbeitern seines Vaters geht, und stellt sich vor, den Vater zu bitten, auf seinem Gut mitarbeiten zu dürfen. Auf die Idee, der Vater würde ihn wieder als Sohn annehmen, kommt er nicht. Denn zu belastend erscheinen ihm die Dinge, die er in der Fremde getrieben hat.

Er macht sich auf zum Vaterhaus. Da geschieht etwas Unbegreifliches (auch für jüdische Sitten und Gebräuche): Schon aus der Ferne sieht ihn der Vater, *läuft seinem Jungen entgegen, fällt ihm um den Hals und küsst ihn*. Der Sohn hebt an zu beichten. Der Vater aber wischt seine Worte beiseite und fordert seine Mitarbeiter auf, dem Sohn rasch schöne Kleider anzuziehen, ihm einen Ring anzustecken (als Zeichen seiner Sohnschaft) und ein Kalb für ein Fest zu schlachten. Und es ist, als jubelte der Vater:

> **„Dieser mein Sohn war tot und ist wieder lebendig geworden. Er war verloren und ist gefunden worden."**

Da kommt der ältere Sohn vom Feld und lässt sich von den Mitarbeitern erzählen, was es mit den Festklängen auf sich habe. Er empört sich, verweigert die Teilnahme am Fest und macht dem Vater schwere Vorwürfe – für ihn habe er nichts dergleichen veranstaltet. Der Vater entgegnet ihm: „Mein Sohn, du bist allezeit bei mir, und alles, was mir gehört, gehört auch dir ..." Dann wiederholt der Vater die Sätze: „Dein Bruder war tot und ist wieder lebendig, er war verloren und ist wiedergefunden worden."

Und der ältere Bruder? Wer wollte ihn nicht verstehen? Verschwitzt kommt er nach Hause, müde, heilfroh, dass die Arbeit des Tages getan ist. Da erfährt er, dass *ohne ihn* gefeiert wird! Gefeiert wird mit dem, der als Letzter ein solches Fest verdient hätte! Der ältere Sohn gehört eben zu den Menschen, für die Recht und Ordnung wichtiger sind als – ich gebrauche bewusst dieses alte Wort – Barmherzigkeit. Diese Menschen werden weder zu dem Gleichnis Zugang finden noch zu seiner Kernaussage: dass der Vater so anders ist als der intellektuell und moralisch so Rechtschaffene.

Sie wissen, mit wem Jesus den Vater vergleicht. Und das, was er seinen Zuhörern zumutet, ist in der Tat für das damalige, mehr noch für das gegenwärtige Weltverständnis kaum oder gar nicht fassbar, nicht verständlich, nicht logisch, nicht glaubhaft, für viele sogar ärgerlich. Deshalb verstehe ich nur zu gut, warum die Geschichte der Kirche so wenig attraktiv verlaufen ist. Denn die tatsächliche Botschaft des Gleichnisses und vieler anderer Aussagen Jesu ist eine, die die Wende der Welt hätte heraufführen können. Stattdessen wurde die Zeit nach Jesus, den Gott zum Christus ernannte, nicht zu einer *Liebesgeschichte,* sondern zu einer *Geschichte des Moralismus*. Moralismus aber ist weder attraktiv noch entzündet er Liebe zum Leben.

132 Sie mögen fragen, verehrte Leserinnen und Leser, woher ich meine Gewissheit beziehe, dass die Aussagen dieser „Liebesgeschichte Gottes mit den Menschen" ernst zu nehmen sind, dass sie glaubhaft, dass sie wahr sind, obwohl doch andere Religionen längst ihren Siegeszug in unserem alten Europa angetreten haben und den Namen „Jesus" oder „Christus" auszusprechen für die meisten Zeitgenossen nur noch eine Peinlichkeit ist. Und wie ich als halbwegs seriöser Psychotherapeut dazu komme, Ihnen in einem Buch über Aussöhnung und Güte am Ende ein solches Kapitel zuzumuten?

Warum also mute ich Ihnen dieses Kapitel zu? Die ehrliche Antwort lautet: Weil ich mich entschieden habe, so gut wie möglich zu sagen, was ich denke und empfinde. Weil meine Seele mir seit Jahren diesen Auftrag gibt, dem ich so lange ausgewichen bin. Weil ich selbst von der Gewissheit lebe, dass dieser Vater *die weltumspannende Kraft* ist, aus der jeder von uns leben könnte, wenn er oder sie sich auf sein Geheimnis einließe. Und: Ich kann nicht anders, als diese Zeit so zu verstehen, dass ihre riesigen Nöte damit zu tun haben, dass wir die Verbindung zu diesem Ursprung des Lebens immer mehr verlieren. „Zu Dir hin, o Gott", sagte einst Augustinus, den der Psychiater und Philosoph Karl Jaspers den ersten Psychologen nannte, „hast Du uns erschaffen, und unser Herz ist unruhig, bis es Ruhe findet in Dir."

Mich berührt das Gleichnis vom gütigen Vater wie kein anderer Text der Weltliteratur. Das Bild hängt übrigens in unserem Wohnzimmer. Ich sehe es also jeden Tag. Es macht mich weder sentimental noch sehnsüchtig. Ich frage mich nur: Was wäre, wenn der so trostlos vergessene Mensch aus Nazareth mit dem von ihm erzählten Gleichnis heute „ankommen" würde? Was wäre, wenn dieser Vater-Gott nicht bloß Mythologie wäre, keine peinliche Entgleisung eines Schwärmers oder Ausdruck eines fanatischen Hirns, sondern die Beschreibung eines zwar nicht sichtbaren, aber uns dennoch ganz nahen, tatsächlichen Herrn der Welt, der sie – die Menschen, die Tiere, die Pflanzen – ohne Ende liebt?

Nein, ich nähme es Ihnen nicht übel, wenn Sie angesichts dieser Ausführungen den Kopf über mich schüttelten und mich „wegen dieses groben Unsinns" bemitleideten. Aber ich habe versucht, ein Geheimnis zu beschreiben, das von unserem Verstand in keiner Weise nachvollzogen werden kann. Vor allem aber: Ich selbst lebe von diesem unvergleichlichen Geheimnis mehr als von irgendetwas anderem. Und das macht mich frei, ausgesöhnt mit vielem und vielleicht ja auch gütig. Eine mich immer wieder erschütternde und zugleich befreiende Symbolgeschichte erzählte einmal Khalil Gibran:

Seit über zweitausend Jahren treffen sich der Jesus von einst und der Jesus der jeweiligen Gegenwart. Dann reden sie einen ganzen Tag miteinander. Am Ende eines solchen Tages sagt der Jesus von vor zweitausend Jahren zum gegenwärtigen Christus: „Wir werden uns wohl nie verstehen."

Ich schließe das Buch mit den Worten eines weisen und weltoffenen Mannes:

In dir sein, Herr,
das ist Alles,
das ist das Ganze,
das Vollkommene,
das Heilende.[12]

Schluss

Liebe Leserin, lieber Leser,

ich verabschiede mich am Tag vor dem Heiligen Abend 2022. Wolken liegen über Salzburg. Wolken liegen nicht über meiner Seele, obwohl die heutigen Nachrichten zum Weltgeschehen schrecklich sind. Ich brauche sie Ihnen nicht aufzuzählen.

Ich habe durch dieses Buch und das Nachdenken über seine Inhalte Wichtiges, vielleicht sogar das Wichtigste für mein Leben gelernt, und wie würde es mich freuen, wenn es Ihnen bei der Lektüre ähnlich ergangen wäre! Was ich meine (ich weiß, dass ich mich wiederhole), ist dies:

Nicht das macht die Qualität unseres Lebens aus, was wir haben, sondern was wir sind.
Nicht die Ereignisse bestimmen die Gunst oder Ungunst unseres Daseins, sondern die Art, ob und wie wir sie annehmen.
Leben ist mehr als die Realität, die wir sehen; es ist keine Monade, sondern eine offene Wirklichkeit.
Ja, die Welt, in der wir leben, ist alles andere als das Paradies. Aber sie ist trotz allem liebens- und lebenswert, wenn wir uns jeden Tag neu öffnen für die vielen Möglichkeiten, die darauf warten, gelebt zu werden. Dazu gehört, wenn möglich, ausgesöhnt zu sein.
Und ja: So gern säße ich mit Ihnen schweigend vor dem Rembrandt-Bild in unserem Wohnzimmer. Und wir schauten und schauten und ahnten und ahnten ...

Wieder danke ich meiner Frau Christiane, die mein gesamtes Leben und, wie immer, auch die Niederschrift dieses Buches liebevoll und klug begleitet hat.

Informationen zur Praxis von Uwe Böschemeyer

Weiterführende Informationen ...

- zu Einzelsitzungen
- zur zwei- und dreijährigen Fort- und Weiterbildung in Wertorientierter Persönlichkeitsbildung WOP® = Logotherapeutisches Präventionskonzept
- zur Einführung in die Theorie und Praxis der Wertimagination WIM®
- zur Wertimaginativen Logotherapie WIM-T
- zur Supervision
- zu weiteren Seminaren, beispielsweise Wertimaginationen zu theologischen und philosophischen Texten
- zur Schule des Lebens nach Uwe Böschemeyer®
- zu Studientagen

Institut für Existenzanalyse und Logotherapie
Europäische Akademie für wertorientierte
Persönlichkeitsbildung
Sigmund-Haffner-Gasse 16
5020 Salzburg

Tel: 0043 (0) 664/22 52 230
E-Mail: office@boeschemeyer.at
www.boeschemeyer.at

Bitte beachten Sie: Alle Formate laufen Online via Zoom.

Leitung: Prof. Dr. Uwe Böschemeyer und Mitarbeiter
Sekretariat: Christiane Böschemeyer

Ausgewählte Literatur von Uwe Böschemeyer

Begeisterung fürs Leben. Die Kraft deiner Gedanken
140 Hamburg 2019(2)

Das Leben meint mich. Meditationen für den neuen Tag. Ein Jahrbuch
Hamburg 2019(8)

Der alte Mann und sein inneres Kind. Das Leben wirklich leben
Salzburg 2018

Der innere Gegenspieler. Wie man ihn findet und überwindet
Salzburg/München 2020

Du bist viel mehr. Wie wir werden, was wir sein könnten
Salzburg 2020(4)

Du bist mehr als dein Problem. Uli – eine ungewöhnliche therapeutische Begegnung
München 2010

Gespräche der inneren Welt
Hamburg 2006 (Books on Demand)

Glück durch Verzicht?
Wien 2022

Gottesleuchten. Begegnungen mit dem unbewussten Gott in unserer Seele
München 2007

Machen Sie sich bitte frei. Entdecken Sie Ihre Furchtlosigkeit
Salzburg 2012(4)

Neu beginnen! Aber wie? Konkrete Wege zu einem anderen Leben
Hamburg 2016

Sinnerfüllt leben mit Krebs
Wien 2022

Unsere Tiefe ist hell. Wertimagination – ein Schlüssel zur inneren Welt
München 200147

Vertrau der Liebe, die dich trägt. Von der Heilkraft biblischer Bilder
München 2009

Warum es sich zu leben lohnt
Salzburg 2019(3)

Warum nicht. Über die Möglichkeiten des Unmöglichen
Salzburg 2014(2)

Weil ich es dir nicht sagen konnte. Vom Schatten des Schweigens zur befreienden Wahrheit
Salzburg 2020(2)

Wie man den Sinn des Lebens nicht findet
Wien 2021

Wie Sie beim Altern ganz gewiss scheitern
Salzburg 2018(2)

Worauf es ankommt. Werte als Wegweiser
München 2014(8)

Endnoten

[1] Siehe dazu das kostbare Buch von Alexander Batthyány:
Die Überwindung der Gleichgültigkeit. Sinnfindung in einer Zeit des Wandels, München 2017.

[2] Siehe dazu mein Buch:
Von den hellen Farben der Seele. Wie wir lernen, aus uns selbst heraus zu leben, Salzburg 2018.

[3] Sowohl die Wertorientierte Persönlichkeitsbildung als auch die Wertimagination habe ich ausführlich in **Von den hellen Farben der Seele** beschrieben. Eine noch ausführlichere Darstellung der Wertimagination findet sich in meinem Buch **Unsere Tiefe ist hell. Wertimagination – ein Schlüssel zur inneren Welt**, München 2005.
Auch die Wertimaginative Logotherapie ist dort kurz beschrieben.

[4] Sigmund Freud,
Das Unbehagen in der Kultur, in: ders., Gesammelte Werke, Band X, S. 113.

[5] Siehe dazu mein Buch:
Du bist viel. Wie wir werden, was wir sein könnten, Salzburg 2010.
Ich empfehle auch mein kleines Buch:
Das heitere Enneagramm

[6] Siehe dazu mein Buch:
Der innere Gegenspieler. Wie man ihn findet und überwindet, Salzburg/München 2020, 2. Auflage.

[7] Siehe dazu mein Buch:
Worauf es ankommt. Werte als Wegweiser, München 2014, 8. Auflage, S. 76 ff.

[8] Siehe dazu mein Buch:
Das Leben meint mich. Meditationen für den neuen Tag. Ein Jahrbuch, Hamburg 2016, 7. Auflage

[9] Khalil Gibran,
Der Prophet, Düsseldorf 2006, S. 18, 20.

[10] Siehe dazu mein Buch:
Du bist mehr als dein Problem. Uli – eine ungewöhnliche therapeutische Begegnung, München 2010.

[11] Hermann Hesse,
Lektüre für Minuten, Frankfurt a. M. 1971, S. 70.

[12] Jörg Zink,
Wie wir beten können, Stuttgart 1970.

Impressum

Liebe Leserin, lieber Leser,
hat Ihnen dieses Buch gefallen? Sie möchten mit uns in Kontakt treten? Wir freuen uns auf Austausch und Anregung unter **leserstimme@styriabooks.at**
www.styriabooks.at

In der Verlagsgruppe Styria GmbH Co KG
Wien – Graz

ISBN 978-3-7088-0839-0

Covergestaltung, Layout und Satz: unbolt – creative bureau
Lektorat: Antje Korsmeier
Projektleitung: Ilka Grunenberg
Druck und Bindung: Florjancic

Printed in the EU
7 6 5 4 3 2 1